Le tampon du capiston; vaudeville militaire en 3 actes de André Mouëzy-Éon, Alfred Vercourt et Jean Bever

André Mouëzy-Éon, Alfred Vercourt, Jean Bever

BARBES, MOUSTACHES, PERRUQUES

NOTA. — Il faut compter dix jours pour la livraison des Barbes et Perruques. Joindre en plus 1 fr. 50 pour chaque perruque comme frais de port et d'emballage quand celles-ci devront être envoyées par la poste.

Nez (carton toilé) toutes nuances . . . Chaque genre.		2 »
Colle pour coller les moustaches sur gaze . Le flacon.		2 »
Barbes avec **Moustaches** (toutes nuances, bien indiquer la nuance), sur gaze dite de ville (à coller) . .		22 50
Barbes avec **Moustaches** en tresse (toutes nuances).		6 25
Moustaches, toutes nuances, sur gaze (à coller). Chaque.		1 25
Moustaches, toutes nuances, à crochets. . Chaque		1 »
Favoris, toutes nuances, en tresse		5 »
Favoris toutes nuances . . . sur gaze (à colle . .		7 »
Favoris rouges d'Anglais.		7 »
Collier d'Auvergnat . . (sur tresse)		6 25
Fer à cheval		5 »
Bouc.		
Impériale sur tulle, barbiche, mouche.		1 25

	En cheveux – Prix sur demande		
Perruques de **Chauve**. . .		en crêpé	20 »
Curé. . . .		—	20 »
Paysan . .		—	20 »
Soldat. . .		—	20 »
Domestique.		—	20 »
Vieux beau		—	22 »
Gommeux		—	20 »
Breton .		—	22 50
Vieillard gris		—	22 »
Savant-Vieillard blanc . .		—	22 50
Jocrisse . . .		en yack.	27 »
Pitre, Clown.		—	27 »
Louis XIII.		crêpé.	27 »
Marquis Louis XV		en laine	22 50
Louis XIV.		crêpé.	33 »
Mousquetaire.		—	30 »
Femme (toutes nuances		—	30 »
Page moyen âge		—	22 50
— **mignon**.		—	22 50
Garde française		—	22 »

L'Art de se grimer	Petit Manuel de Maquillage
Petit manuel pratique à l'usage des amateurs. Édition revue et augmentée, avec figures dans le texte.	Donnant les principes essentiels sur la façon d'employer les fards et postiches.
Prix : 2 fr. 50	Prix : 1 fr. 50

Poudre de bengale en fumée, couleurs : rouge, verte, jaune la boîte de 100 grammes franco : 5 francs.

LE TAMPON DU CAPISTON

Vaudeville militaire en 3 actes

DE

André MOUËZY-ÉON, Alfred VERCOURT et Jean BEVER

PERSONNAGES

COCHU, ordonnance .... MÉDY.

LE CAPITAINE REVERCHON ... CHARLIER.

LE COMMANDANT FOURCADET CORADIN.

LORMOIS, chasseur ... . ALDEBERT.

MAITRE POUPONET, notaire .... GRANDET.

PASTINI, maréchal des logis rengagé DECHAMBRE.

BRIFFOTEAU, chasseur .... MELVILLE.

MICHONDARD, chasseur .... DINET.

HORTENSE .... Germaine ÉTY.

YVONNE .... Cl. DANCENY.

MÉLANIE .... Géo SUISSER.

LE TAMPON DU CAPISTON

ACTE I

(Le salon du capitaine Reverchon.)
(Au fond, un peu vers la droite, une grande fenêtre donnant presque de plain-pied sur la rue. Un peu à gauche, une porte donnant sur le vestibule. Entre la fenêtre et la porte, un piano droit. A gauche, une porte conduisant aux chambres d'Hortense et d'Yvonne. A droite, une porte donnant sur la chambre du capitaine. A droite, une table sur laquelle est posée une jardinière, où pousse un hortensia. Des chaises. Une servante au deuxième plan gauche. Premier plan gauche, un canapé avec coussins. Aux murs, tableaux et panoplies. Un lustre.)

SCÈNE I

LE CAPITAINE, HORTENSE, YVONNE

(Au lever du rideau, Hortense tenant un morceau de de musique à la main, chante, accompagnée par Yvonne, qui est au piano, et par le capitaine, qui joue de la flûte devant son pupitre.)

HORTENSE, *chantant*
(Air : *Le Pré aux Clercs*)
Rendez-moi ma patrie
Ou laissez-moi mourir ! } *bis*

(Le capitaine souffle dans sa flûte, sans s'occuper du piano.)

YVONNE, *s'arrêtant de jouer*

Oh ! non, papa, non, ce n'est plus possible, tu joues faux.

LE CAPITAINE, *debout, s'arrêtant de jouer*

Comment, je joue faux ?

YVONNE

Na rellement, tu vas plus vite que moi. Tu ne peux pas te faire à l'idée que la flûte et le piano doivent ob rver la même mesure.

LE CAPITAINE

pourquoi, la même mesure, quand le piano est une petite fille et que la flûte est capitaine ?

HORTENSE, *qui a tenu sa note pendant ce temps-là*

Vous n'avez pas fini de vous chamailler au moment où je venais de réussir mon *la* bémol ?

YVONNE

Alors, recommençons, vous êtes prêts ?

LE CAPITAINE

Oui.

YVONNE

Une, deux, trois... *(Yvonne recommence à jouer du piano. Le capitaine souffle dans sa flûte avec plus de calme.)*

HORTENSE, *détonnant*

Rendez-moi ma patrie   }
Ou laissez-moi mourir !   } *bis*

LE CAPITAINE, *cessant de jouer*

Oh ! là, là ! *(A Yvonne.)* Laissons-la mourir, mais que ça finisse !

HORTENSE, *s'arrêtant*

Qu'est-ce que vous avez ?

YVONNE, *qui s'est levée*

Tu détonnes, ma tante !

HORTENSE

Je détonne, moi ?...

LE CAPITAINE

Oui... tu détonnes de t'étonner !... Non... tu t'étonnes de détonner !

HORTENSE, *vexée, passe à gauche*

C'est bon, je ne chante plus...
(Elle s'assied sur le canapé et s'évente avec son mouchoir.)

LE CAPITAINE, *gagne le milieu*

Tu tâcheras d'être plus en voix demain pour roucouler devant le commandant...

HORTENSE

J'ai peur que l'émotion me paralyse mes moyens... Depuis que tu m'as appris que le commandant aspirait à ma main...

LE CAPITAINE

Il y aspire, c'est certain... Il ne me l'a pas encore demandée positivement, mais il ne saurait tarder à se déclarer... *(Hortense soupire.)* Pourquoi soupires-tu ?

HORTENSE

L'idée de dire adieu à ma vie de jeune fille... *(Se levant, en colère, au capitaine qui pouffe.)* Je ne suis pas une jeune fille ?

LE CAPITAINE

Si, si... Tu es une vieille fille...

HORTENSE, *outrée*

Comment ?

YVONNE, *redescendant au milieu, et conciliante, à Hortense*

Papa veut dire que tu es une jeune vieille fille.
(Elle remonte.)

LE CAPITAINE

Enfin, telle que tu es, tu as encore de très beaux restes, et je suis ravi, pour ma part, que tu aies fait la conquête du commandant... *(Se frottant les mains.)* Non seulement tu vas être casée, mais cette alliance m'aidera à décrocher mon quatrième galon...

HORTENSE, *soupirant*

Un commandant, ce n'est pas ce que j'avais rêvé !

LE CAPITAINE

Mazette... Tu es difficile... qu'est-ce qu'il te fallait ? Un général de corps d'armée ?

YVONNE

Le commandant est encore très bel homme, malgré sa cinquantaine.

HORTENSE, *avec une moue*

Un commandant gagne cinquante francs par jour !

LE CAPITAINE

Pour toi, il n'y a que l'argent qui compte ! *(Yvonne remonte au piano.)* Mais je te préviens, je n'admettrais jamais que tu épouses par intérêt quelque nouveau riche indigne de notre famille...

HORTENSE

Rassure-toi !...

LE CAPITAINE

Un Monsieur Durand ou Dupont de Château-Gontier, ce trou où nous végétons depuis si longtemps.

HORTENSE

Quand on a l'argent on a tout le reste.

LE CAPITAINE

Nous savons que tu n'attaches pas tes chiens avec des cervelas. Mais, comme Rothschild ne t'a pas remarquée, je t'engage à ne pas rater ce parti-là si tu ne veux pas mourir comme Jeanne d'Arc...

HORTENSE

Sur un bûcher...

LE CAPITAINE

Mais non... pucelle ! *(Il remonte à son pupitre.)*

HORTENSE, *vivement, en le suivant*

Pucelle !... Oh ! non ! tout, mais pas ça ! C'est entendu, Hector, j'épouserai le commandant. *(A part, et reprenant son morceau de musique)* Vierge ou martyre !

(Le capitaine se remet à son pupitre et Yvonne au piano.)

LE CAPITAINE

Attention ! Une, deux, trois...

HORTENSE, *chantant*

Rendez-moi ma patrie
Ou laissez-moi mourir ! } *bis*

LE CAPITAINE

Ça va, ça va ! Et surtout la chute du morceau, soigne la chute !

(A ce moment paraît Cochu qui entre de droite, portant une pile de linge, si haute, si haute qu'elle l'empêche de

voir devant lui. Au moment où le capitaine dit : « Soignons la chute », il heurte ce dernier et laisse choir le linge qui tombe sur le pupitre.)

SCÈNE II

LES MÊMES, COCHU, MÉLANIE

HORTENSE, *gagnant l'extrémité gauche*

L'idiot !

(Yvonne s'est arrêtée de jouer et s'est levée, pendant le dialogue qui suit.)

YVONNE, *se levant*

Le maladroit !

LE CAPITAINE, *debout et qui a placé sa flûte sur le pupitre*

Vous ne pouvez pas faire attention, crétin !

COCHU

Pardon... Excuse, mon capitaine... La pile était **trop** z'haute !

LE CAPITAINE, *descendant à droite*

Quoi ?

COCHU, *tremblant*

Il y avait trop de linge dans la pile !

LE CAPITAINE

Tu n'avais qu'à en mettre moins, abruti !

COCHU

C'était pour pas faire deux voyages !

HORTENSE

En attendant, voilà un blanchissage à recommencer... *(Ramassant un pantalon.)* Oh ! mes pantalons...

(A Cochu, furieuse.) Dans quel était avez-vous mis mon trou-trou.

COCHU

S'il vous plaît ?

HORTENSE, *brandissant le pantalon*

Mon trou-trou, là... Vous ne savez pas ce que c'est ?

COCHU

C'est l'ouverture du phalzar...

HORTENSE

Mais non, imbécile, c'est de l'entre-deux...

COCHU

De l'entre-deux, quoi ?

HORTENSE, *crispée*

Oh ! Cet ordonnnace est vraiment trop bête !

LE CAPITAINE, *à Cochu*

Eh bien ! qu'est-ce que vous attendez pour ramasser tout ça ?

COCHU, *se précipitant*

Voilà, mon capitaine... *(Au fur et à mesure qu'il ramasse une pièce de linge, il en laisse retomber une autre. A part.)* C' qu'il y en a, bon Dieu ! c' qu'il y en a !

HORTENSE

Eh bien, hâtez-vous !

COCHU

Je m'hâte, Mademoiselle... Je m'hâte... *(Il se baisse, à part.)* C'est pas possible, il en pousse !

YVONNE, *à Cochu*

Attendez, mon ami, je vais vous aider...
(Elle ramasse le linge.)

COCHU

Merci, Mademoiselle. .

HORTENSE, *à Cochu*

Relevez-vous, grand serin ! *(Cochu obéit.)* Là. .
tendez les bras ! *(Aidée d'Yvonne, elle empile sur les
bras de Cochu le linge qu' Yvonne lui passe.)* Et ne bougez
pas, surtout...

COCHU, *craintif*

C'est que j'ai envie d'éternuer...

LE CAPITAINE, *menaçant*

Si tu éternues, tu auras deux jours !

COCHU, *comprimant son éternuement*

Bien, mon capitaine...

HORTENSE

Et maintenant suivez-moi, vous m'aiderez à ranger
ça dans l'armoire...

(Elle sort la première à gauche.)

COCHU, *la suivant*

Mademoiselle... des fois que vous auriez la bonté de
me moucher... *(Il sort à gauche.)*

YVONNE, *riant*

Pauvre Cochu.

LE CAPITAINE

Ah ! celui-là... Il n'a pas inventé la machine à matri-
culer !

MÉLANIE, *entrant du fond*

Le secrétaire de Monsieur est là.

LE CAPITAINE

Ah ! Lormois... qu'il entre. .

(Il se dirige vers la table. Mélanie sort par le fond et livre passage à Lormois.)

SCÈNE III

YVONNE, LE CAPITAINE, LORMOIS

(Lormois, type de soldat pommadé, tenue de fantaisie, extrêmement chic, allure précieuse, un peu poseur, entrant, sa main gauche cachée derrière son dos, une liasse de papiers dans une serviette sous son bras droit. En même temps que les papiers, la serviette doit contenir une lettre)

LORMOIS

Mon capitaine... *(Salut militaire. A Yvonne.)* Mademoiselle, mes hommages...

YVONNE, *baissant les yeux*

Bonjour, Monsieur Lormois...

LE CAPITAINE

Bonjour, mon ami, bonjour... Quoi de neuf aujourd'hui ?

LORMOIS, *tendant les papiers au capitaine*

Ces papiers à signer, mon capitaine.

LE CAPITAINE

Bigre ! Il y en a quelques-uns !... Bon, donnez... *(Les prenant.)* Attendez ici que j'aie fini. . *(Il s'assied à la table, y pose les papiers, s'installe devant une chaise et commence à signer les papiers.)*

LORMOIS, *allant à pas de loup vers Yvonne qui est au fond, à droite. A mi-voix*

Mademoiselle Yvonne, voulez-vous me permettre de vous offrir quelques-unes de vos sœurs ?...

(Il lui tend un bouquet de violettes qu'il cachait derrière son dos.)

YVONNE, *à mi-voix, prenant le bouquet*

Monsieur Hyacinthe, vous êtes un flatteur...

LORMOIS

Quand pourrai-je vous voir autrement qu'à la dérobée... entre deux portes ?...

YVONNE

Quand papa vous aura accordé ma main.

LORMOIS

Je tremble de la lui demander... Il est capitaine, je suis simple soldat...

YVONNE

Monsieur Hyacinthe, vous êtes un poltron... Cette situation ne peut se prolonger... Vous allez faire votre demande immédiatement...

LORMOIS, *résigné*

Si vous l'exigez... *(Enlevant son képi et s'avançant vers le capitaine.)* Mon capitaine, voulez-vous me permettre de vous adresser une requête personnelle ?

LE CAPITAINE, *sans lever la tête de dessus ses papiers*

Oui, mais faites vite.

LORMOIS

Hum !... Hum... Mon capitaine, bien qu'il y ait entre vous et moi l'abîme de la hiérarchie militaire, je viens, poussé par un sentiment puissant ..

LE CAPITAINE

Bon Dieu que c'est long ! que c'est long !... *(Regardant les cheveux de Lormois et allant à lui.)* Oh ! mais ça aussi, c'est long, mon bon ami, beaucoup trop long même...

LORMOIS, *qui ne comprend pas*

Quoi donc, mon capitaine ?

LE CAPITAINE

Ces cheveux-là... Ils ne sont pas à l'ordonnance...

LORMOIS

Mon capitaine m'excusera, c'est... c'est...

LE CAPITAINE

C'est deux jours pour les cheveux, vous n'avez droit qu'à deux centimètres et les vôtres en ont douze... Vous m'êtes très sympathique... Je regrette infiniment.. *(Retournant à sa place.)* Mais que voulez-vous, mon brave, c'est le règlement... *(Assis à la table.)* Maintenant continuez, je vous écoute... *(Il se replonge dans ses paperasses.)*

LORMOIS, *abasourdi*

Hum ! hum ! *(A Yvonne.)* Mademoiselle... vous voyez... Ça n'est pas le moment...

YVONNE

Si, si... Mais ne vous emberlificotez pas dans vos phrases.

LE CAPITAINE, *à Lormois, en continuant de signer les pièces*

Eh bien, Lormois ?

LORMOIS, *mettant ses gants de daim*

Mon capitaine, mon vœu le plus cher serait que vous consentissiez à m'accorder...

(Ce disant, il fait un geste de sa main droite qui est gantée de daim.)

LE CAPITAINE, *relevant la tête et voyant les gants*

Deux autres jours, mon petit Lormois, je vous accorde deux autres jours..

LORMOIS

Quoi ?...

LE CAPITAINE

Pour vos gants de peau : le simple cavalier n'a droit qu'aux gants moufles en laine bleue ; le veau et le daim sont réservés aux officiers... Vous m'êtes très sympathique... Je regrette infiniment, mais que voulez-vous, c'est le règlement. D'ailleurs, que cela ne vous empêche pas de continuer votre petite histoire...

(Il se remet à signer les pièces.)

LORMOIS, *de plus en plus abasourdi, reculant vers Yvonne*

Mon capitaine, vous êtes trop bon, mais je craindrais d'abuser.

YVONNE

Mon pauvre Hyacinthe .. Il faudra recommencer demain...

LORMOIS

C'est ça... j'attraperai encore quatre jours... Pour peu que je demande votre main tous les matins, je finirai par faire cinq ans...

YVONNE

Eh bien alors, parlez tout de suite... Un peu d'énergie, que diable !

(Pendant ces quelques mots, le capitaine prend la lettre contenue dans la serviette et la lit)

LORMOIS

Au fait, vous avez raison, plus de tergiversation. Vous allez voir... *(Allant hardiment au capitaine.)* Mon capitaine, j'ai l'honneur de vous demander.....

LE CAPITAINE, *avec éclat*

Sacré mille millions de tonnerre de bon Dieu !
(Lormois recule, épouvanté, au fond.)

YVONNE

Qu'y a-t-il, papa ?

LE CAPITAINE, *brandissant une lettre*

Il y a une lettre du commandant, que cet animal **a**
oublié de me signaler...

LORMOIS, *balbutiant*

En effet, mon capitaine, je...

LE CAPITAINE, *lisant sans l'écouter*

« Mon cher capitaine, je ne suis pas libre demain.
Je viendrai donc aujourd'hui à cinq heures prendre la
tasse de thé que vous m'avez offerte. Mes respectueux
hommages à Mlle Hortense. Votre : Commandant
Fourcadet... » Cré nom ! à cinq heures ! Mais c'est
dans vingt minutes !... Eh bien, nous sommes frais !
(Appelant.) Hortense ! Hortense !
(Yvonne vient près du piano.)

SCÈNE IV

LES MÊMES, HORTENSE

HORTENSE, *entrant par la gauche et descendant*

Quoi ?... Qu'est-ce qu'il y a ?...

LE CAPITAINE, *affolé*

Il y a... Il y a... que le commandant sera ici dans un
quart d'heure et que nous n'avons rien de prêt...
(Il va à l'extrême droite.)

HORTENSE

Dieu du ciel !

LORMOIS

Mon capitaine, je ne veux pas être importun, mais
ce soir... j'ose espérer...

LE CAPITAINE, *allant à Lormois et le poussant vers la
porte du fond*

J'ose espérer que vous allez débarrasser le plancher,
mon jeune ami... Commandant, thé, fiançailles...
N'oubliez pas de passez chez le perruquier et de faire
vos quatre jours... *(Revenant à la table.)* Vous m'êtes
très sympathique...

LORMOIS, *essayant de saluer*

Mesdemoiselles... mes respectueux...

LE CAPITAINE, *furieux, revient vers Lormois et le faisan
pirouetter*

Allez... ça va... ça va... *(Il le pousse dehors.)* Vous
m'êtes très sympathique, mais foutez-moi le camp !

SCÈNE V

LES MÊMES, moins LORMOIS, puis MÉLANIE,
puis COCHU

LE CAPITAINE

Mes enfants, nous n'avons pas un instant à perdre...
Il faut que dans quinze minutes nous soyons tous asti-
qués, équipés et prêts à recevoir le commandant...

HORTENSE

Hector ! Je suis toute agitée !

LE CAPITAINE

C'est un tort ! Du calme ! Du sang-froid !.. Nous allons livrer une bataille, il s'agit de la gagner... Soignons nos avant-postes et couvrons nos derrières. Je vais changer de pantalon. *(Appelant.)* Cochu ! Mélanie ! Mélanie !

MÉLANIE, *entrant par le fond*

Voilà, Monsieur...

LE CAPITAINE

Courez immédiatement. *(Mélanie quitte la scène en courant.)* Eh bien ! où allez-vous ? *(A Mélanie qui revient.)* Courez chez le boulanger, vous achèterez croissants, gâteaux à la crème, babas, toute la boutique, je m'en fiche, achetez toute la boutique...

HORTENSE, *à Mélanie*

N'épargnez rien... Voilà trois francs...

MÉLANIE

Trois francs !

LE CAPITAINE

Hep ! Et surtout n'oubliez pas de rapporter une flûte ! L'ordonnance du commandant m'a dit qu'il adorait ça avec le thé !

HORTENSE

Vous mettrez la flûte au four, pour qu'elle soit rôtie à point.

LE CAPITAINE, *à Mélanie*

Allons, demi-tour... et au trot !

MÉLANIE, *sortant par le fond*

Trois francs pour toute la boutique !

LE CAPITAINE

Et Cochu ?... Qu'est-ce qu'il fait encore, celui-là ? Cochu ! Cochu !

Cochu, *arrivant d'un pas lent, de gauche*

Voilà, mon capitaine.

LE CAPITAINE

Qu'est-ce que tu fabriquais dans la cuisine ?

COCHU

Mélanie m'a dit de surveiller son pot-au-feu... mon capitaine.

LE CAPITAINE

Surveiller son pot-au-feu... qu'est-ce que ça veut dire ?...

COCHU

Sais pas, mon capitaine... Je regardais monter les yeux du bouillon...

LE CAPITAINE, *l'imitant*

Je regardais monter les yeux du bouillon. Ce garçon-là est l'andouille la plus réussie de mes escadrons !

(Yvonne arrange la table et les chaises et gagne l'extrême gauche pour sa réplique.)

COCHU, *qui est revenu à Hortense*

Oui, mon capitaine.

LE CAPITAINE

Taisez-vous !

HORTENSE

Écoutez-moi bien, espèce de propre à rien ! Vous allez tout de suite sortir le service à thé, le beau, celui à fleurs, vous essuierez les tasses...

COCHU

Avec un torchon propre ?...

HORTENSE, *furieuse, levant les bras. Le capitaine lève les épaules et remonte au fond, à droite*

Naturellement, pas avec un sale. . Puis vous ébouillan-terez la théière...

COCHU, *interrogateur*

Je la bouillanterai .. Avec quoi ?

LE CAPITAINE, *redescendant vers Cochu*

Avec de l'eau bouillante, abruti ! Pas avec de la glace pilée.

HORTENSE

Ensuite, vous donnerez un coup à la servante.

COCHU

Je veux bien essayer, mais elle va me flanquer une tarte.

(Yvonne va à la servante.)

HORTENSE

Qui ça ?

COCHU

La servante, donc... Mélanie...

YVONNE

Il ne s'agit pas de Mélanie, mon pauvre ami... La servante c'est ce meuble-là. *(Elle désigne la servante.)*

HORTENSE, *allant à Cochu, et bien sous son nez*

Quel idiot ! Quel crétin ! Quelle cruche ! Quel âne !

COCHU, *tremblant*

Oui, Mademoiselle...

LE CAPITAINE

Calme-toi, Hortense, et va t'habiller ... Laisse-moi faire... Il faut le prendre par la douceur...

HORTENSE, *sortant à gauche*

Cette brute m'a mis les nerfs dans un état !

LE CAPITAINE, *à Cochu*

Écoute, Cochu. Tu vas me brosser les rideaux, me cirer le plancher, me laver les carreaux, m'astiquer les boutons de portes et les cuivres de la cheminée, me battre les fauteuils, me secouer les tapis, me ramasser les livres qui traînent, me jeter les fleurs fanées et m'en mettre des fraîches dans les vases .. *(Yvonne vient à la table.)*

COCHU

C'est tout, mon capitaine ?

LE CAPITAINE

C'est tout... Et arrange-toi pour que ce soit fini avant l'arrivée du commandant, sans quoi je te consigne jusqu'à la gauche... *(Il sort à droite. Toute la scène V, jusqu'à la sortie du capitaine, doit être jouée dans un mouvement très rapide)*

COCHU, *à part*

Y a du bon... *(A Yvonne.)* Mademoiselle n'a pas d'ordre à me donner ?...

YVONNE

Non, mon ami...Vous avez assez de besogne comme ça

COCHU

Non, menteuse !... Oh ! pardon, Mademoiselle... Je vas chercher mon balai... *(Il va vers la porte du fond, puis revient vers Yvonne.)* Et dire qu'il y en a qui remplent. *(En sortant au fond.)* Maladie !

YVONNE, *seule, allant à la servante*

Quel phénomène, que cet ordonnance ! *(A ce moment Maître Pouponet, notaire, tape au carreau de la fenêtre.)*

SCÈNE VI

YVONNE, MAITRE POUPONET, puis MÉLANIE

YVONNE, *se retournant et allant à la fenêtre*
Tiens ! Mais c'est Mᵉ Pouponet, le notaire... *(Ouvrant la fenêtre.)* Vous désirez, Monsieur ?

MAITRE POUPONET, *à la fenêtre*
Excusez-moi de vous déranger, Mademoiselle, mais je suis extrêmement pressé, j'ai une communication a faire au soldat Lormois. J'arrive du quartier. On m'a dit que son service le retenait ici...

YVONNE
En effet, Monsieur, mais il vient de partir...

MAITRE POUPONET
Savez-vous dans quelle direction, Mademoiselle ?

YVONNE
Du côté de l'église.

MAITRE POUPONET
Je vous remercie infiniment, Mademoiselle, je vais essayer de le rattraper... Au revoir, Mademoiselle.

YVONNE, *retournant à .a fenêtre*
Au revoir, Monsieur.

MÉLANIE, *entrant du fond, les mains chargées de paquets, et vient à la table*
Voici les gâteaux... Je les ai pris à crédit, parce que ce n'est pas avec les trois francs de Mˡˡᵉ Hortense...

YVONNE
Vous avez bien fait Mélanie... Disposez-les dans les assiettes... Je vais 'habiller... *(Elle sort à gauche.)*

MÉLANIE

Bien, Mademoiselle... *(Elle reporte les gâteaux sur la servante et place les choux à la crème sur la petite table nº 2. Elle commence à mettre les gâteaux dans des assiettes. La porte du fond s'ouvre. Paraît Cochu, qui a mis un tablier bleu et qui porte une immense tête de loup. Il fait plusieurs tentatives, pour rentrer, mais chaque fois le manche de la tête de loup se heurte au haut de la porte. Après un effort brusque, il arrive enfin à entrer avec un fracas épouvantable.)*

SCÈNE VII

MÉLANIE, COCHU

COCHU, *descend à droite*

Aïe donc !

MÉLANIE, *se retournant avec un cri*

Ah ! fais attention !

COCHU

C'est ma tête que je viens de cogner sur la porte...

MÉLANIE, *compatissante*

Tu as dû te faire mal ?

COCHU

Mais non, c'est pas ma tête à moi, c'est celle du loup...
(Il fait la montre.)

MÉLANIE

A la bonne heure

COCHU, *va poser la tête de loup sur le piano*

Faut que je fasse le salon à fond, ordre du capitaine.

MÉLANIE

Mon pauvre Cochu, va ! tu seras donc tout le temps de corvée ?...

COCHU, *passe au numéro* 1

Que veux-tu ?... Ma tête attire la corvée comme celle du loup les araignées...

MÉLANIE, *descend à la table de droite*

Eh bien ! mets-toi vite au travail...

COCHU, *se couchant sur le canapé*

Je m'y mets.

MÉLANIE

Comment, tu t'asseois ?...   Et ton ouvrage ?

COCHU

Elle est terminée, comme je ne pourrai jamais en voir la fin, je commence par finir.

MÉLANIE

Quel toupet ?... Je ne te reconnais plus.

COCHU, *se levant*

Écoute, Mélanie, je vas m'épancher dans tes seins ; tant plus que je me donne du coton pour contenter le capitaine et la Hortense, tant plus qu'on m'engueule !

MÉLANIE,   *venant à Cochu*

Ah ça ! ils ne prennent pas de gants pour te parler...

COCHU

Surtout la vieille pucelle... *(Imitant Hortense.)* « Cochu, abruti, idiot ! crétin ! sauvage ! âne ! buse !... Je vous donne deux jours. »

MÉLANIE

C'est même tout ce qu'elle sait donner, elle est tellement râleuse !

COCHU

Elle écorcherait un pou pour en vendre la peau !... Dans ces conditions, j'ai décidé de ménager ma constitution délicate... *(Il va pour se recoucher sur le canapé et tombe en arrêt devant les gâteaux.)* Eh ! dis donc, des gâteaux !

MÉLANIE

Ce sont des choux à la crème...

COCHU, *en prenant un*

Ah ! je rentre dans le chou. *(Il le mange.)*

MÉLANIE, *remontant un peu et regardant de chaque côté*

Prends garde... Si on te surprenait !

COCHU, *la bouche pleine, s'assied sur le canapé avec Mélanie*

Je fais disparaître le corps du délit . Ecoute Mélanie; il vient de me pousser une idée, comme Ugénie...

MÉLANIE

Quelle Eugénie ?...

COCHU

Je ne sais pas... Pour les bonnes idées, on dit les idées, d'Ugénie . Tu sais que dans quatre mois, je suis libérable et que je veux retourner dans mon patelin pour y vendre des cochons comme mon père et mes onze frères jumeaux ?

MÉLANIE

Je sais bien... eh bien ?

COCHU

Eh bien ! j'ai l'idée de demander un congé définitif et de me tirer des pattes comme qui dirait la semaine prochaine...

MÉLANIE

Mais ce congé ?... Ce n'est pas le capitaine qui te le donnera ?

COCHU

Non, c'est le commandant...

MÉLANIE

Le commandant ?

COCHU

Il va venir tout à l'heure.. Je vais m'arranger pour mériter ses félicitations par mon service distingué-z-et empressé, et je profiterai de l'occase pour lui introductionner ma demande.

MÉLANIE

Ce n'est déjà pas si bête !

COCHU

Bien entendu, je t'emmène et je t'épouse en arrivant...

MÉLANIE

Mais tu m'a dit que ton père ne te laisserait pas prendre une femme qui n'aurait pas au moins deux mille francs de dot...

COCHU

Et après ?

MÉLANIE, *se lève*

Après ?... Mais, je n'ai pas seulement deux mille sous !

COCHU, *prenant un deuxième gâteau*

T'inquiète pas... Je te les gagnerai, les deux mille balles de ta dot...

MÉLANIE

Comment ça ?

COCHU

J'en sais rien, mais je les gagnerai... Je ne suis pas si bête que j'en ai l'air...

MÉLANIE, *souriant*

Non... un peu moins tout de même !

COCHU

Enfin ! Tu m'aimes comme ça ?

MÉLANIE

Oui, Isidore... et sais-tu pourquoi je t'aime ?...

COCHU

Parce que tu me trouves beau ?

MÉLANIE

Non... Parce que je suis jalouse... Et toi, je suis bien sûre que les autres femmes n'essaieront pas de te prendre à moi...

COCHU

Qui sait ?

MÉLANIE

Pourquoi voudrait-on de toi ? Tu es laid... tu n'es pas intelligent... tu n'as pas le sou...

COCHU

J'ai du charme... *(Prenant Mélanie dans ses bras.)* Ah ! ma Mélanie !

MÉLANIE, *se défendant mollement*

Voyons, Isidore ?

COCHU

Y aurait-il pas moyen, ce soir, comme avant-hier, de s'entraîner un brin pour notre nuit de noces ?...

VOIX D'HORTENSE, *en coulisse*

Cochu !

MÉLANIE

Attention, on t'appelle...

COCHU, *tenant toujours Mélanie dans ses bras*

Mademoiselle·?...

VOIX D'HORTENSE

Demandez donc à Mélanie si elle a pris du lait pour le thé ?...

COCHU, *caressant la poitrine de Mélanie*

Du lait ?.. Oui, mademoiselle... Elle en a deux boîtes.. je les tiens dans ma main.

MÉLANIE, *se dégageant et allant à table*

Allons ! ça suffit. . Il s'agit de travailler pour mériter le congé du commandant.

COCHU

C'est vrai !... Préparons la table.

MÉLANIE, *plaçant la table au milieu*

Alors, vite, aide-moi...

COCHU *dépliant la nappe et en donnant un bout à Mélanie*

A la une, à la deux, à la trois... *(Il étale la nappe.)* Ça y est.

MÉLANIE

Il n'y a plus que les tasses qui manquent, je vais les mettre. *(Elle se dirige au fond.)*

COCHU

C'est ça, moi, je remporte mes outils. . *(Il prend sa vte de loup.)* Tu viens ?... *(En se retournant avec la*

*tête de loup, qu'il porte maladroitement, il renverse la
jardinière.)*

MÉLANIE, *redescendant*

Oh ! maladroit, qu'est-ce que tu viens de faire ?

COCHU

Quoi ?

MÉLANIE

Tu as cassé la jardinière et l'hortensia de Mlle Hortense.

COCHU, *consterné*

J'ai détérioré sa fleur !... Eh bien ! elle va en faire
un foin.

MÉLANIE, *ramassant les débris et les mettant dans son
tablier*

Mais ne reste donc pas là comme un empoté, voyons,
aide-moi à ramasser vite les morceaux... Je vais les
cacher à la cuisine.

VOIX D'HORTENSE

Mélanie, mes chichis ?. . Où sont mes chichis ?...

MÉLANIE

Allons bon, Mademoiselle m'appelle ! *(Donnant les
débris à Cochu.)* Tiens, prends tout... Voilà, Mademoiselle, je viens... *(Elle entre à gauche)*

COCHU, *se dirigeant au fond*

T'occupes pas du pot, je vas jeter ça aux ordures.

VOIX D'YVONNE, *au fond*

Mélanie.

COCHU, *se dirigeant vers la fenêtre*

Maladie ! La petite est dans l'office !

VOIX DU CAPITAINE, *très près*

Cochu ! Cochu !

COCHU

Zut ! Le capitaine !

VOIX DU CAPITAINE

Eh bien, Cochu ?

COCHU

Ah ! tant pis ! *(Il monte sur le tabouret du piano et jette la plante et les débris de la jardinière dans le piano dont le couvercle est levé et le referme. Paraît le capitaine par la droite.)* Voilà, mon capitaine, voilà. *(Il essuye le piano avec sa manche.)*

LE CAPITAINE, *en grande tenue*

Eh bien ! qu'est-ce que tu fiches, ici ?

COCHU, *essuyant de plus belle le piano avec sa manche*

Je finissais le nettoyage à fond du salon, mon capitaine.

LE CAPITAINE

Parfait, parfait... Tiens, attache-moi donc la patte de mon pantalon... *(Cochu lui attache la patte de son pantalon et place la tête de loup dans la main du capitaine.)* Ah ! à la bonne heure, on respire ici... On sent que c'est propre.

(Le capitaine s'apercevant qu'il a la tête de loup dans la main, la jette à terre.)

COCHU, *modestement et ramassant la tête de loup*

J'ai mouillé le parquet de ma sueur, mon capitaine.

SCÈNE VIII

COCHU, LE CAPITAINE, HORTENSE
puis YVONNE

HORTENSE, *en toilette tapageuse et trop jeune pour elle,
rentre de gauche, en invectivant Mélanie qui baisse la
la tête.*

C'est insensé, ma parole ! Cette fille veut nous ruiner !

LE CAPITAINE

Qu'y a-t-il ?

HORTENSE

Je lui donne trois francs pour payer les gâteaux, elle
en prend pour huit francs vingt...

MÉLANIE

Mademoiselle, le capitaine avait dit d'acheter toute la
boutique...

HORTENSE

Taisez-vous... *(Regardant les gâteaux.)* Et reportez
moi tout de suite les choux à la crème chez le pâtissier..

MÉLANIE

Bien, Mademoiselle...
(Elle sort en emportant les choux.)

COCHU, *à part*

Il y en a deux qu'elle ne reportera pas !

HORTENSE

Quant à vous, Cochu, allez, vous beurrerez les croissants...

COCHU

Je les beurrerirai, Mademoiselle...

HORTENSE

Et comme Mélanie n'est pas là, vous **mettre la flûte** au four.

COCHU, *ahuri*

S'il vous plaît ?

HORTENSE, *criant*

Vous mettrez la flûte au four ! Est-ce que je parle français ?

COCHU

Oui... oui... la flûte...

LE CAPITAINE

Non ! Crois-tu quelle tourte. (*Il parle bas avec Hortense jusqu'à la sortie de Cochu. Pendant ce temps, Cochu se dirige vers le pupitre, y prend la flûte du capitaine, et la contemple longuement face au public.*)

COCHU

Mettre ça au four ! Enfin ! La Hortense est complètement piquée.

(*Il sort au fond en emportant la flûte.*)

HORTENSE, *au capitaine, comme finissant une conversation*

Pourvu que cette réception soit réussie !... Quand je pense que mon avenir en dépend !

LE CAPITAINE

Et le mien donc !

YVONNE, *entrant de gauche*

Mon père, ma tante... Je viens de voir le commandant qui tournait le coin de notre rue... (*Elle va à la fenêtre.*)

HORTENSE, *affolée*

Mon Dieu, déjà ! Et Mélanie qui n'est pas là ! Et les gâteaux qui ne sont pas sur les assiettes, et les tasses qui ne sont pas sur la table.

LE CAPITAINE

Allons ! Allons ! du calme... Te voilà toute rouge ! Ça ne te va pas !

HORTENSE, *éplorée*

Je ne vais pas plaire au commandant !

LE CAPITAINE

Si, si... Tu lui plairas... Assieds-toi là et ne bouge plus... *(Appelant.)* Cochu ! Cochu !

(Hortense s'est assise sur le canapé et s'évente.)

COCHU, *paraissant au fond*

Présent, mon capitaine...

LE CAPITAINE

Cochu, c'est vous qui allez ouvrir au commandant... N'allez pas faire de gaffe !

COCHU

Oh ! non, mon capitaine.

YVONNE, *qui regarde à la fenêtre*

Papa, le commandant est à la grille...

HORTENSE, *la main sur son cœur*

C'est lui...

COCHU

C'est lui... *(Il tombe assis sur le canapé près d'Hortense.)*

LE CAPITAINE

Eh bien ! Cochu ?...

COCHU, *se levant très vite*

Mon capitaine, je suis ému...

(Coup de sonnette.)

LE CAPITAINE, *à Cochu*

Eh bien, va ouvrir...

YVONNE

Le voilà, papa...

COCHU, *affolé*

Le voilà, papa !... Euh... mon capitaine... *(Fausse sortie. Revenant.)* Que faut-il z'y dire ?...

LE CAPITAINE

Que ces dames l'attendent ici... Mais cours donc !

COCHU

Je cours... *(Fausse sortie. Revenant.)* Faut-il ôter mon tablier ?

HORTENSE

Mais évidemment ! Quel abruti !

(Nouveau coup de sonnette.)

LE CAPITAINE

Et au trot !

COCHU, *dénouant son tablier précipitamment*

Et au trot... et je dirai au commandant : « Toutes ces dames sont au salon »... J'ai compris.

(Il lance à la volée son tablier qui retombe sur la figure d'Hortense, et sort par le fond en courant.)

HORTENSE, *suffoquée, se lève, se débarrassant du tablier qu'elle jette sous le canapé*

Oh ! l'idiot ! la brute !

LE CAPITAINE

Il est impossible, ce garçon !

HORTENSE

Il m'a dérangé tous mes chichis... Oh ! il me le paiera !

YVONNE, *apercevant le commandant qui paraît du fond, suivi de Cochu*

Chut ! le commandant...

COCHU, *entrant en tablier blanc, rectifiant la position et hurlant*

A vos rangs ! Fixe !

SCÈNE IX

HORTENSE, LE COMMANDANT, COCHU, LE CAPITAINE, YVONNE

LE COMMANDANT, *souriant, sur la porte, à Cochu près de la porte et du piano*

Repos, mon garçon ! Repos !
(Il donne à Cochu son sabre et son képi.)

COCHU, *criant*

Vive le commandant !

LE CAPITAINE, *furieux*

Taisez-vous, imbécile !

LE COMMANDANT

Laissez, capitaine, laissez... *(Allant au capitaine.)*
Je suis touché de cette démonstration spontanée...

LE CAPITAINE, *présentant*

Mon commandant, vous connaissez déjà **ma sœur** Hortense et ma fille Yvonne...

COCHU, *présentant aussi*

La v'là !... la v'là !...

LE COMMANDANT, *s'inclinant*

Mesdemoiselles.

COCHU, *se présentant*

Et moi, Cochu l'ordonnance

LE COMMANDANT, *au capitaine.*

Mon cher capitaine, vous êtes un jardinier émérite...
vous cultivez dans la même serre la fleur en bouton...
(Il montre Yvonne.) Et la fleur épanouie. *(Il baise la
main d'Hortense.)*

HORTENSE, *minaudant derrière le canapé*

Oh ! commandant !... C'est délicieux !

COCHU, *avec éclat*

Un ban !... Une, deux, trois ! Ça lui fait plaisir !
*(Le commandant descend à l'extrémité gauche et s'as-
sied sur le canapé.)*

LE CAPITAINE, *furieux*

Mais voulez-vous vous taire, vous !
*(Cochu enlève vivement le képi qu'il place sur le piano
et le sabre près de la porte.)*

HORTENSE, *à Cochu*

Dites à Mélanie d'apporter le thé...

COCHU, *descendant*

Mélanie est chez le gâtelier, Mademoiselle...

HORTENSE

Je ne vous demande rien...

COCHU, *criant très fort*

Elle est allée reporter les gâteaux que vous avez
trouvé trop chers..
(Le commandant se met à rire)

HORTENSE, *suffoquée, revenant derrière le canapé*

Oh !

LE CAPITAINE, *exaspéré*

Voulez-vous me fiche le camp !

COCHU

Oui, mon capitaine ! Elle l'a dit ! Elle l'a dit !

LE CAPITAINE

Et au trot !

COCHU, *avant de sortir*

Vive le commandant ! Ça lui fait plaisir !...
(Il sort au fond.)

HORTENSE

Mon commandant, n'allez pas croire !

LE COMMANDANT, *saluant*

Laissez donc, Mademoiselle, vous avez là un ordonnance original !

LE CAPITAINE

Ah ! mon commandant... Ne m'en parlez pas !

HORTENSE

Il fait notre désespoir...

LE CAPITAINE

A la chambrée, ses camarades l'appellent la **betterave**. C'est vous dire...

HORTENSE

Nous l'avons pris pour faire le gros ouvrage, mais il
est d'une stupidité décourageante...

LE COMMANDANT

Je suis sûr qu'il se formera, avec une maîtresse **de**
maison telle que vous...

HORTENSE

Oh ! Commandant !

LE CAPITAINE

Oh ! pour ça, ma sœur est une maîtresse épatante !

LE COMMANDANT, *surpris*

Hein ?

LE CAPITAINE

De maison, mon commandant, de maison...

COCHU, *rentrant. Il porte sur un plateau la théière et des tasses. Criant*

A vos rangs, fixe ! Le thé... Fixe ! *(Se reculant, la théière à la main.)* Un, deux. Un, deux !

(Il change constamment la théière de main, celle-ci étant trop chaude. Tous se lèvent et se mettent à table. Criant :) Vive le commandant !

LE COMMANDANT, *sursautant et se levant*

Sacrebleu... Il m'a fait peur...

LE CAPITAINE, *à Cochu*

Qu'est-ce qui vous prend... Vous devenez fou ?...

(Yvonne donne une tasse au capitaine et en porte à Hortense une autre qu'elle pose sur la petite table.)

COCHU

Mon capitaine... C'est pour faire honneur au commandant...

LE COMMANDANT, *riant et s'asseyant à table*

Merci, mon garçon, mais pour me faire honneur il est inutile de me casser les oreilles...

(Yvonne est à la petite table.)

COCHU, *ému*

Oui, mon commandant... Merci, mon commandant...

HORTENSE

Servez le thé, triple buse !... *(Cochu ne bouge plus.)* Yvonne, veux-tu sucrer le commandant ?...

YVONNE

Combien de morceaux, commandant ?

LE COMMANDANT

D'ordinaire je n'en prends pas, mais de votre main, six morceaux.

(Yvonne sucre le commandant, puis va en faire autant à Hortense.)

HORTENSE

Oh ! Commandant !

LE COMMANDANT, *à Hortense*

Si vous m'eussiez sucré, j'en eusse réclamé douze !

HORTENSE

Oh ! Commandant... quelle galanterie !

COCHU, *à Hortense*

Oui, il en eusse réclamé...

LE CAPITAINE, *à Cochu, qui s'apprête à verser le thé*

Mais versez donc !

(Cochu, ému, inonde de thé le cou du commandant.)

LE COMMANDANT, *criant et se levant*

Aïe !... Il m'a échaudé !

HORTENSE, YVONNE et LE CAPITAINE, *se précipitant*

Oh ! Commandant !

HORTENSE, *à Cochu*

Maladroit !

LE CAPITAINE

Imbécile !

COCHU, *confondu*

C'est pas exprès !

LE COMMANDANT, *s'épongeant le cou avec son mouchoir*

Je le pense bien, mon garçon... Mais une autre fois rappelez-vous ceci : Je ne prends pas de thé pour l'usage externe.

(Il se rassied)

LE CAPITAINE, *riant et se rasseyant*

Oh ! Charmant !

YVONNE *remonte s'asseoir*

Très drôle !

HORTENSE, *se rasseyant*

Délicieux !

COCHU, *s'esclaffant*

Crevant ! Marrant !

(Il se tord.)

LE CAPITAINE, *sévère*

Assez ! Crétin !

HORTENSE, *à Cochu*

Allez chercher la surprise pour le commandant...

COCHU

La surprise ?

HORTENSE

Oui... Ce que je vous ai dit de mettre au four.

COCHU

Ah ! bon !... *(A part.)* C'est une blague qu'elle veut faire au commandant... *(Il sort au fond.)*

LE COMMANDANT

Une surprise ?... Vous m'intriguez !

HORTENSE

Ah! voilà, commandant... Je suis déjà au courant de toutes vos petites gourmandises...

LE COMMANDANT

Une chatterie ? Je suis sûr que vous m'avez réservé une chatterie !

Cochu, *rentrant, portant sur une assiette la flûte de métal carbonisée. A part*

Si le commandant veut en jouer, ce qu'il va se brûler la gueule

HORTENSE

Posez ça devant le commandant

COCHU

Voilà...

LE COMMANDANT, *prenant la flûte et se brûlant*

Aie . Mais c'est brûlant *(Il se lève et frappe du pied.)* *(Tous se lèvent.)*

HORTENSE, *regardant la flûte*

Qu'est-ce que c'est que ça ?

LE CAPITAINE, *même jeu*

Ma flûte ! . Mais c'est ma flûte !

COCHU

Mademoiselle m'a dit de la mettre au four...

LE COMMANDANT, *furieux, soufflant sur ses doigts*

C'est une plaisanterie ridicule, je me suis brûlé les doigts...

HORTENSE

Oh ! Commandant   Je suis désolée.. *(A Cochu.)* Mais vous êtes donc plus bête que vos pieds ?

COCHU

Mademoiselle m'avait dit ..

HORTENSE

De mettre au four la flûte de gruau... âne bâté... et non pas l'instrument de mon frère !

(Elle va derrière le canapé en passant par-devant.)
LE COMMANDANT

Il est énorme, ce garçon-là ! Il est énorme !

COCHU

Oui, énorme.

LE CAPITAINE, *à Cochu*

Desservez, Jocrisse !... Vous serez consigné quatre jours !

LE COMMANDANT

Non, capitaine... Je ne veux pas qu'on le punisse à cause de moi . Il est plus bête que méchant ! *(Il remonte et va près d'Hortense, le capitaine le suit jusqu'au milieu de la scène.)*

COCHU

Oui, mon commandant... *(A part, se replaçant, la table à droite.)* Je lui plais !

HORTENSE

Je suis navrée, commandant... La sottise de cet animal va faire manquer un petit intermède musical que nous avions préparé.

LE COMMANDANT, *devant le canapé*

Comment cela ?

LE CAPITAINE, *Yvonne au fond*

Oui, ma sœur possède un joli soprano... Ma fille l'accompagne au piano, et moi sur la flûte...

LE COMMANDANT

Eh bien ! la flûte est frite, mais le piano va sano...
'écouterai ces demoiselles avec le plus grand plaisir...
(Il s'assied sur le canapé.)

HORTENSE, *derrière le canapé*

Soit, commandant... Mais vous serez indulgent...'
Je suis bien émue... *(Allant à Yvonne.)* Allons Yvonne !
Attaque le prélude... *(Hortense reprend son morceau
et se place près de la table volante, comme au début,
prête à chanter. Yvonne s'assied au piano. Le capitaine
debout près d'Yvonne. Le commandant (1), Hortense (2),
Yvonne (3), le capitaine (4), Cochu (5).)*

COCHU, *à part*

Maladie !... La jardinière qui est dans le piano...
(Il essaie de s'esquiver.)

LE CAPITAINE, *l'arrêtant*

Eh bien ! Cochu... Vous n'avez pas fini de desservir

COCHU, *à part, redescendant prendre le plateau*

C'est pas la flûte... c'est moi qui suis frit...

LE COMMANDANT, *à Yvonne*

Je vous écoute.

YVONNE, *essayant de jouer. Bruit de vaisselle cassée dans le piano*

Oh ! papa... Qu'est-il est arrivé au piano ?

LE COMMANDANT

Vous devriez le faire accorder...

LE CAPITAINE

C'est fantastique !

HORTENSE

Tout à l'heure encore, il allait très bien !

LE COMMANDANT, *se levant et allant au piano*

Nous allons voir ce qu'il a dans le ventre... *(Regardant le piano.)* Sacrebleu ! mais toutes les cordes sont cassées... *(Tirant l'hortensia.)* Une plante qui pousse dedans ! Ce n'est pas un piano, c'est une serre ! *(Il revient à gauche, le capitaine à droite.)*

COCHU, *tremblant, à Hortense*

C'est pas vrai, Mademoiselle, c'est pas vrai...

HORTENSE, *terrible, allant à Cochu*

Qu'est-ce qui n'est pas vrai ?

COCHU, *balbutiant*

L'« hortenchia » dans le piano . C'est pas moi !

HORTENSE

Alors que personne ne vous accusait, vous vous dénoncez vous-même .

LE CAPITAINE

C'est un sabotage inqualifiable !...

LE COMMANDANT, *sèchement*

En vérité, mon capitaine, je m'étonne que vous ayez pris à votre service un idiot de cette envergure !

LE CAPITAINE

Cochu, vous entendez ce que dit le commandant ?

COCHU

Oui, mon capitaine...

LE COMMANDANT, *à Hortense*

Mesdemoiselles, je vais vous demander la permission de me retirer...

LE CAPITAINE

Oh ! déjà commandant ?

HORTENSE

Sans même prendre un doigt de malaga ?

LE COMMANDANT

Non, merci... *(Montrant Cochu)* L'idiot serait capable
l'avoir mis dans la bouteille de l'esprit-de-vin ou du
vitriol...

HORTENSE

Oh ! Commandant... Quelle humiliation pour nous !

COCHU, *éploré*

Mon com.. Mon com-com...

LE COMMANDANT

Faites-vous soigner, mon garçon ! *(Il sort, reconduit
par Hortense, le capitaine et Yvonne.)*

COCHU, *pleurant*

J'ai fait dans les bottes du commandant ! Mon congé
est dans l' seau.

SCENE X

LES MÊMES, moins LE COMMANDANT

HORTENSE, *revenant, suivie du capitaine*
Hector, tout est perdu...

LE CAPITAINE

J'en ai peur.

HORTENSE

Le commandant n'a pas demandé ma main... Et
pourquo' ne l'a-t-il pas demandée ?

LE CAPITAINE

Parce qu'il a été énervé par ces incidents stupides...

HORTENSE

Et dire que si je reste fille ce sera par la faute de ce misérable !... *(Elle montre Cochu qui essaie de s'esquiver sans bruit.)*

LE CAPITAINE, *terrible*

Cochu ! Avance à l'ordre !

COCHU, *revenant, à part*

Je vas m' faire fusiller ! *(Devant le capitaine et rectifiant la position.)* Mon capitaine.

LE CAPITAINE

Les mots me manquent pour qualifier ta conduite.

COCHU

Oui, mon capitaine...

HORTENSE, *lui parlant sous le nez*

Je voudrais que nous fussions encore au temps de l'esclavage pour vous tenir à ma merci.

COCHU, *éperdu*

Merci, Mademoiselle...

HORTENSE

Et pouvoir de ma main vous fouetter jusqu'au sang !

COCHU

De rien, Mademoiselle...

LE CAPITAINE

Tu vas monter prendre tes nippes, là-haut, dans ta chambre, et filer tout de suite au quartier...

COCHU, *désolé*

Mon capitaine me chasse ?

LE CAPITAINE

Non... *(Cochu respire.)* Je te fous dehors... et en attendant je te fous dedans... Ce soir tu coucheras à la boîte...

COCHU, *répétant machinalement*

En attendant...

LE CAPITAINE

Ce n'est qu'un commencement... Je me charge de te recommander à ton lieutenant...

YVONNE, *descendant*

Oh ! papa... Ce pauvre Cochu !

LE CAPITAINE

Toi, laisse-moi tranquille... *(Elle remonte au fond. A Cochu.)* Demi-tour, pocheté !

COCHU, *à part, en sortant, lugubre*

Y a du pied dans la chaussette !*(Sort au fond.)*

LE CAPITAINE,   *à Hortense*

Allons ! Ne te fais pas de bile... tout ça s'arrangera...

HORTENSE, *qui pendant cette scène, a trépigné, appuyée contre la table*

Je sens que je vais avoir mes vapeurs... Je me retire dans ma chambre... *(Elle se dirige à gauche.)*

LE CAPITAINE

Oui, oui... Ça vaut mieux que de les avoir ici.

YVONNE

As-tu besoin de moi, ma tante ?

HORTENSE

Non, non... Reste ! *(En sortant à gauche.)* Vierge !
Je mourrai vierge !

YVONNE, *au capitaine*

Pauvre tante !

SCENE XI

YVONNE, LE CAPITAINE, LORMOIS

LORMOIS, *entrant au fond*

Mon capitaine...

LE CAPITAINE

Ah ! c'est vous, Lormois... Qu'est-ce qu'il y a ?

LORMOIS

Mon capitaine, je reviens pour la demande, que
Mlle Yvonne a bien voulu m'autoriser... *(Il ôte son képi
pour saluer Yvonne. Il a la tête complètement rasée,
Yvonne, en le détaillant, passe 1 et vient devant le canapé.)*

LE CAPITAINE, *le regardant stupéfait*

Qu'est-ce que c'est que cette tête-là ?

LORMOIS

Mon capitaine, vous m'avez dit de me faire couper
les cheveux...

LE CAPITAINE

Pas tant que ça, mon ami, pas tant que ça...

LORMOIS

J'ai cru vous satisfaire, en sacrifiant complètement
ma chevelure.

LE CAPITAINE

Absurde, mon ami, c'est absurde... Vous êtes affreux !
Hein ! Yvonne... Crois-tu qu'il est laid ?

YVONNE

Mais je ne trouve pas, moi...

LE CAPITAINE

Eh bien, tu n'es pas difficile... Je n'aime point voir un
homme de mon escadron avec une tête ridicule... Vous
me ferez deux jours de plus, mon petit Lormois... Vous
m'êtes sympathique... je regrette infiniment... Mais ça
vous servira de leçon... Attendez-moi ici, j'ai un pli à
vous remettre... *(Il sort brusquement à droite.)*

SCÈNE XII

YVONNE, LORMOIS

Vraiment, Mademoiselle Yvonne, votre père est
désespérant.

YVONNE, *s'asseyant*

Je le reconnais...

LORMOIS

Est-ce que je suis si laid que ça ?

YVONNE

Mais non... pas tant que ça... Mais, tout de même,
mettez votre képi.

LORMOIS, *se coiffant*

Jamais je n'arriverai à obtenir votre main...

YVONNE

Mais si, Hyacinthe, mais si... Seulement il ne faut
pas vous décourager... *(Tendrement.)* Si vous m'aimez !

LORMOIS, *avec feu, lui prenant les mains*

Si je vous aime . Ah ! tenez... je voudrais passer ma vie à vous le répéter comme ceci, à vos genoux !
(Entre du fond Me Pouponet.)

SCÈNE XIII

LES MÊMES, Me POUPONET

Me POUPONET, *entrant à droite*

La porte était ouverte... *(Apercevant Lormois aux pieds d'Yvonne.)* Oh ! pardon !

YVONNE

Ah ! *(Bas, à Lormois.)* Frottez mes bottines... Frottez mes bottines... *(Lormois, troublé, prend un coussin du canapé à sa portée et frotte les bottines d'Yvonne.)*

Me POUPONET

Mademoiselle, excusez-moi de vous déranger

YVONNE

Mais vous ne me dérangez pas du tout, Me Pouponet, vous ne me dérangez pas du tout... La posture de ce soldat vous étonne, je le vois bien... Mais ce soldat est une ordonnance... notre ordonnance... Et je lui avais demandé de faire reluire mes bottines. *(Elle se lève et va au notaire.)*

Me POUPONET

Mademoiselle, je l'avais deviné d'un coup d'œil . Ce garçon a une tête d'une vulgarité significative .

LORMOIS, *à part frottant toujours*

Charmant.

Mᵉ POUPONET

Figurez-vous, Mademoiselle, que je joue de malheur en ce moment, je suis retourné à la caserne où l'on m'a appris que le soldat Lormois était revenu ici...

LORMOIS, *cessant de frotter et se relevant*

Lormois, c'est moi .

Mᵉ POUPONET

Ah ! c'est vous, l'ordonnance? . Eh bien ! mon ami...

VOIX DU CAPITAINE

Lormois ! Lormois !

YVONNE, *se levant*

Lormois, papa vous appelle...

LORMOIS

Mais puisque Monsieur le notaire...

VOIX DU CAPITAINE

Eh bien ! Lormois !

YVONNE, *le repoussant*

Allez vite... Il ne faut pas le mécontenter en ce moment...

LORMOIS, *à Pouponet*

Je reviens dans un instant, Monsieur... *(Entrant à droite)* Voilà, mon capitaine, voilà

SCÈNE XIV

YVONNE, Mᵉ POUPONET, puis HORTENSE

Mᵉ POUPONET

C'est ennuyeux, ça.. Je suis extrêmement pressé . J'ai à terminer d'ici ce soir deux contrats, une vente et un testament *in extremis* ..

YVONNE

Ne pourrais-je faire la commission à M. Lor... (*Se reprenant.*) à l'ordonnance.

M.ᵉ POUPONET

Mon Dieu.. à la rigueur

HORTENSE, *entrant de gauche, descendant*

Eh bien ! Yvonne, tu n'es pas encore allée changer de robe ?

YVONNE

Je causais avec Mᵉ Pouponet, ma tante...

HORTENSE

C'est cela, et pour le plaisir de bavarder tu risques d'abîmer une toilette neuve...

YVONNE

Mais ma tante..

HORTENSE, *passe 2, pendant qu'Yvonne se dirige*
                        à gauche

Allons ! Dépêche-toi !

YVONNE, *en sortant au fond, à part*
Pourvu que le notaire ne me dénonce pas !

HORTENSE

Bonjour, Mᵉ Pouponet... Qu'est-ce qui vous amène ?

Mᵉ POUPONET

Je venais annoncer à votre ordonnance une nouvelle importante.

HORTENSE

Une nouvelle à ce rustre ?...

Mᵉ POUPONET

Son oncle, M. Costy Dumonteux, vient de décéder...

HORTENSE, *s'asseyant au canapé*

La mort d'un oncle... Voilà qui va laisser cette brute bien indifférente !

Me POUPONET, *posant chapeau et serviette sur la petite table et s'appuyant dessus*

Je crois, au contraire, que cette brute, comme vous dites, sera profondément intéressée... Jugez-en ! Votre brute d'ordonnance vient d'hériter de sa brute d'oncle de trois jolis millions bruts !

HORTENSE, *se levant*

Trois millions !

Me POUPONET

En excellentes valeurs .. Mais je vous en supplie, n'en soufflez pas mot à l'intéressé .. Le testateur spécifie qu'il doit être averti seulement en présence de deux cohéritiers qui habitent la République Argentine ... Je les ai avertis par dépêche, mais ils ne pourront être ici avant trois semaines au plus tôt,..

HORTENSE, *confondue*

Trois millions ! C'est incroyable !

Me POUPONET

D'ici là, ce jeune homme doit tout ignorer, sauf qu'il a perdu son oncle, et c'est ce que je venais lui apprendre. . *(Regardant sa montre)*! Sapristi Il ne revient pas et je suis horriblement en retard !

HORTENSE

Si vous désirez que je lui annonce la nouvelle de votre part ?

Me POUPONET

Je vous en serai reconnaissant.. Mademoiselle, tous mes hommages ! *(Il sort par le fond.)*

SCÈNE XV

HORTENSE, puis COCHU

HORTENSE, *seule, rê use, passant à gauche*

Cochu hérite de troi millions... Ah ! ça, ma s, voilà un parti plus intéressant que le commandant ! *(Réfléchissant.)* Si je pouvais... Voyons : Les cohéritiers n'arriveront que dans trois semaines... il ne saura rien jusque-là... Il n'y a pas de temps à perdre... *(Apercevant Cochu qui entre du fond en tenue, sans tablier, avec un petit paquet d'effets enveloppés dans un mouchoir d'ordonnance.)*

COCHU, *à part*

V'là la poison... Qu'est-ce que je vais prendre encore ? *(Haut.)* Oh ! je venais chercher ma brosse à dents... avec quoi que j' fais mes godillots.

HORTENSE, *très aimable*

Ah ! c'est vous, Monsieur Cochu ?...

COCHU, *à part*

Monsieur Cochu !

HORTENSE

Approchez, mon ami... Vous vous disposiez à retourner au quartier ?

COCHU

Oui, Mademoiselle... Puisque mon capitaine m'a foutu dehors...

HORTENSE

Et moi, Cochu, je vous dis : « Retournez au quartier, non pas parce qu'on vous chasse... Nous serions trop heureux de continuer à vous posséder chez nous... mais

la situation d'ordonnance n'est pas digne d'un garçon
de votre mérite...

CENTER CocHu, *ahuri*

Ah ?... *(A part.)* Elle attige i

SCÈNE XVI

LES MÊMES, LE CAPITAINE, puis MÉLANIE et YVONNE

LE CAPITAINE, *rentrant de droite, vient à Cochu*

Ah ! c'est toi ! Triple extrait de gourde !

HORTENSE, *protestant*

Mon frère !

LE CAPITAINE, *apercevant l'hortensia que le commandant a laissé par terre, après la scène du piano*

Qu'est-ce que c'est que ça ?... Avant de t'en aller,
veux-tu me prendre un balai et me balayer ça au trot !
(Il le bouscule.)

COCHU

Oui, mon capitaine. *(Il sort par le fond un instant.)*

HORTENSE

Mon frère, il ne faut pas maltraiter cet homme...

LE CAPITAINE, *stupéfait*

Comment, c'est toi qui me dis ?

HORTENSE

Tu n'en as pas le droit, et je ne le souffrirai pas.

LE CAPITAINE, *qui vient par l'extrémité gauche*

Ah ! celle-là, par exemple !

COCHU, *rentrant du fond avec le balai*

Voilà, mon capitaine...

LE CAPITAINE

Allez... et nettoie-moi ça en cinq sec, andouille !

HORTENSE, *s'interposant*

Je te défends de parler sur ce ton à M. Cochu.

LE CAPITAINE

Ah ! ça, mais...

HORTENSE

Tu as beau avoir trois galons... un cœur d'homme.
n'en bat pas moins sous ses basanes de simple cavalier..
un cœur sensible à l'outrage..

LE CAPITAINE

C'est trop fort !

COCHU, *à part*

Je rêve !

LE CAPITAINE, *à Cochu*

Eh bien, tu ne m'as pas compris? Veux-tu balayer?

HORTENSE, *arrachant le balai des mains de Cochu*

Non, mon frère... M. Cochu ne balaiera pas... C'est
moi qui balaierai... *(Ainsi fait-elle.)*

MÉLANIE, *rentrant du fond et venant à la droite de Cochu*

Mademoiselle qui balaie !

YVONNE, *rentrant de gauche et descendant*

Oh ! ma tante !

LE CAPITAINE, *venant au milieu, levant les bras
au ciel*

Qu'est-ce qui lui prend ?... Qu'est-ce qu'elle a ?
(Tous regardent étonnés, Hortense, qui balaie avec force.

Cochu, du doigt, indique à cette dernière les débris de fleurs et de mousses de la jardinière cassée qu'il faut les balayer.)

Cochu, *à l'oreille du capitaine, après un temps, confidentiellement*

Pour moi, mon capitaine... elle est soûle !

RIDEAU

ACTE II

(*Le réfectoire du 89ᵉ régiment de chasseurs à cheval*)

Au fond, un peu vers la gauche, une fenêtre donnant sur la cour, dont on aperçoit un des murs de clôture. Au fond, à gauche, une porte donnant sur la cuisine. À droite, une autre porte donnant sur divers locaux de la caserne, dont le bureau du commandant. De grandes tables et des bancs. Aux murs, des trophées et des affiches, que l'on a coutume de voir dans les réfectoires.

SCÈNE I

BRIFFOTEAU, MICHONDARD, *chasseurs*

(*Au lever du rideau, Briffoteau et Michondard nettoient le réfectoire. Les tables ne sont pas à leur place, les bancs sont les uns sur les autres. Briffoteau balaie mollement. Michondard fume une pipe. Sonnerie de trompette . « Au fourrier ».*)

MICHONDARD, *à Briffoteau*

Non, mais sans blague, Briffoteau, tu ne le balaies **pas** ce plancher, tu le chatouilles.

BRIFFOTEAU

Penses-tu que je vais me fatiguer pour une salle à **manger** qui ne m'appartient pas ?

MICHONDARD

Ça n'a rien à faire ! On t'a désigné pour balayer, t'as qu'à balayer, rien qu'à balayer et pas autre chose..

BRIFFOTEAU

J'en fouterais pas un coup ! On était trois de corvée avec la Betterave... C'est vrai, pourquoi qu'il n'est pas là, Cochu ? Je marche pas pour m'esquinter à la place de c'te pochetée...

MICHONDARD

Tu as raison, il a été assez longtemps le tampon du capiston, il peut bien être le nôtre...

(Le maréchal des logis Pastini pousse la fenêtre du dehors, jette un coup d'œil à l'intérieur du réfectoire et se dirige vers la porte.)

BRIFFOTEAU, *qui a aperçu Pastini*

Acré ! le margis !

MICHONDARD

Bon Dieu ! C'est Pastini !

BRIFFOTEAU

Ce sale Corse qui est nouveau d'hier au peloton..

MICHONDARD

Un joli chopin ! Il m'a déjà puni deux fois en quarante-huit heures ! Tâche moyen de ne pas faire le zigoteau devant lui.

(Briffoteau se remet à balayer. Michondard ramasse les poussières avec un balai et une boîte. Du fond, entre Pastini, type de margis rengagé, rosse. Accent corse prononcé.)

SCÈNE II

LES MÊMES, PASTINI

PASTINI

Eh bien ! brigadier, ce réfétoire, il n'est pas encore nettoyé, depuis le temps ? C'est un vrai cafarnaurum !

BRIFFOTEAU

Mais, margis !

PASTINI

Je croyais avoir désigné trois hommes de corvée, où est le troisième, le dénommé Cochu ?

BRIFFOTEAU

Je ne sais pas, margis...

PASTINI

Vous devriez savoir . Je suis estrêmement mécontent de cette escouade ! Hein, brigadier, vous entendez ce que je vous parle

BRIFFOTEAU

Mais margis...

PASTINI

Il n'y a pas de « mais margis ».. *(Il passe 1. Briffoteau gagne l'extrémité droite.)* Le capitaine vient de me flanquer un poil : il paraîtrait que la nuit dernière on a encore vu une particulière s'introductionner subrectement dedans la chambrée... Je vous préviens que j'ai son signalement : boulotte, pas jeune, gueule peinte, et que jamais si je la pince dans la caserne je l'enverrais se faire fatiguer ailleurs ! C'est compris ?... Oui ?... *(Briffoteau murmure. Pastini court sur lui.)* Quoi ?...

Qu'est-ce que vous dites ? Ça va changer. . Je vous jure..
ça va changer... *(Allant à Michondard qui est au fond,
à droite.)* Ça va changer. *(Il va vers la fenêtre, le dos au
public Cochu, qui est passé du côté gauche, n'a pas été
vu par Pastini, et entre du fond.)*

SCÈNE III

LES MÊMES, COCHU, *puis* LORMOIS

Cochu, *venant à Briffoteau*
Zut ! Je suis en retard pour la corvée..

BRIGADIER
Eh bien ! Cochu .. Il n'y a plus moyen, alors ?

MICHONDARD
Alors quoi, y a plus d'amour ?

COCHU
Voilà, j'arrive... mais surtout ne me signaléz pas au
nouveau margis, il me bouclerait parait que c'est le
dernier des veaux !

PASTINI, *surgissant, terrible*
Comment dites-vous ça ? *(Briffoteau remonte vivement au fond surveiller sa corvée.)*

Cochu, *effaré*
Euh... margis... je . C'est pas de vous que je parlais...

PASTINI
Non, c'est de ma sœur... Eh bien! mon garçon, vous
m'avez l'air d'une forte tête .

COCHU
Non, margis, je coiffe tous les képis...

PASTINI

C'est ça, faites le loustic pour amuser vos camarades... Et d'abord pourquoi êtes-vous en retard à la
corvée ?

COCHU

C'est pas ma faute, margis, c'est rapport à Philomène. .

PASTINI

Philomène ! Vous étiez avec Philomène ?

COCHU

Oui, margis... Ce matin elle était énervée... Elle me
flanquait des coups de pieds, pendant que je lui épon-
geais les cuisses .. Alors...

PASTINI

Assez ! Vous n'avez pas honte de vous vanter devant
vos camarades de vos cochoncetés impudiques ?

COCHU

Mais, margis...

PASTINI

Je parie que cette Philomène c'est la vieille dévergondée qui vient ici racoler les hommes ..

COCHU

Mais non, margis, Philomène c'est la jument du
capitaine.

PASTINI

Ouais... Philomène, vous avez trouvé ça ?... Mais ça
ne prend pas... Je vous aurai à l'œil, moi, le laveur de
Philomène... vous me ferez deux jours... *(Passe à
droite.)* Et puis, presto, au travail maintenant... Vous
allez me nettoyer ces tables et qu'elles brillent comme
si elles étaient encautsiquées ! *(Il remonte au fond.)*

COCHU

Bien, margis... *(Il crache sur la table gauche, prend son mouchoir et la nettoie. A part.)* Quand on pense que ce coco-là est Corse, c'est à vous dégoûter de Napoléon !

LORMOIS, *entrant de droite, serviette sous le bras*

Ah ! maréchal des logis, je suis content de vous voir... J'ai porté votre demande de permission chez le capitaine et il l'a signée séance tenante...

PASTINI

Ah ! je suis bien heureux . Merci, mon ami, merci...

LORMOIS

De rien, maréchal des logis... *(Lui offrant un cigare.)* Un cigare pour fêter cette bonne nouvelle ?

PASTINI, *le prenant*

Ce n'est pas de refus .. *(A part)* Il est sympathique ce garçon ! *(L'allumant et tirant une bouffée)* Euh ! Fameux !

LORMOIS

Je vous crois ! Des Henry Clay à deux francs...

COCHU

Crâneur, va ! Cresson !

PASTINI, *se retournant sur Cochu*

Vous serez privé de permission dimanche, vous, le frotteur, ça vous apprendra à être grossier avec M. le secrétaire de M. le capitaine.

LORMOIS, *sortant par le fond*

Laissez, laissez, maréchal des logis, ça n'a aucune importance... c'est une betterave. *(Cochu s'assied à la table et la frotte mollement. Sonnerie de trompette : La corvée de pain ».)*

PASTINI

La corvée de pain sonne ! Allez, brigadier, dégringolez-moi subito en ville à la manutention avec Michondard et vous rapporterez trente-deux boules...

BRIFFOTEAU

Et dans quoi qu'on va mettre le pain, margis, les sacs à pain sont en reuparation ?...

PASTINI

Eh bien! prenez ce que vous voudrez, je m'en fous !

BRIFFOTEAU

Bien, margis... *(A Michondard.)* Viens, toi. *(Ils sortent par le fond, suivis de Pastini. Dès que la porte est fermée, Pastini se retourne vivement et fixe Cochu qui le regarde en riant et frotte la table plus mollement. Un temps.)*

SCÈNE IV

PASTINI, COCHU, *puis* HORTENSE

PASTINI, *à Cochu*

Maintenant, cavalier Cochu, à nous deux !

COCHU, *lui tendant le torchon*

Vous voulez m'aider. Voilà le torchon, margis !

PASTINI

Quoi ? qu'est-ce que c'est ! Ah ! Ah ! je suis un veau ; Eh ben! le veau va vous faire travailler comme un bœuf.. Vous allez, figure antipathique, me chercher toutes les assiettes de la cuisine et me mettre le couvert à toutes les tables... Je vous préviens en sus que chaque assiette que vous casserez ça vous coûtera deux jours... Figure antipathique. *(Il va à l'extrémité droite.)*

COCHU, *se dirigeant vers le fond à droite*

Bien, margis... *(A part.)* Je m'étais trompé, ce type-là c'est pas un veau, c'est une vache...

PASTINI, *le suivant*

Allons, courissez ! *(Cochu sort à gauche, poursuivi par Pastini qui s'arrête dans l'embrasure de la porte. Du fond paraît Hortense qui porte un immense bouquet de chrysanthèmes jaunes qu'elle pose sur la table à droite.)*

HORTENSE

On m'a dit que Cochu était au réfectoire : il faut absolument que je lui parle ce matin ! Dieu, que je suis émue ! *(En coulisse, bruit formidable de vaisselle cassée.)*

PASTINI

Là ! Ça devait arriver avec une tourte pareille... Douze assiettes cassées, ça vous fait vingt-quatre jours de salle de police ! Espèce de cochon de Cochu. Allez, ramassez-moi les morceaux, tête de lard ! face d'abruti ! figure antipathique !

HORTENSE

Qu'entends-je ? C'est à Cochu que l'on parle ainsi ! Oh ! par exemple ! *(Apercevant de dos Pastini.)* Hé là ! le sous-officier...

PASTINI, *se retournant*

Qu'est-ce qu'il y a ? *(Descendant vers Hortense. A part.)* Ah ! ça... boulotte, pas jeune, gueule peinte... Eh mais, c'est la dévergondée...

HORTENSE

Vous venez d'être grossier envers le cavalier Cochu... Je vous défends d'insulter cet homme, c'est mon protégé.

PASTINI

Ah ! c'est votre protégé ! Madame Philomène ?

HORTENSE

Quoi ?

PASTINI

Ainsi, vous avez le culot de relancer ici les hommes jusque dans la journée.

HORTENSE *outrée*

Qu'est-ce à dire ?

PASTINI

Vous n'avez pas honte, à votre **âge, de vous** faire éponger les cuisses.

HORTENSE

Comment ?

PASTINI

Allez, ouste ! Filez, quécotte ! *(Il passe à droite)* Basta, Basta !

HORTENSE, *hors d'elle*

Cocotte ! Il m'a appelé cocotte !

PASTINI

Oui, quécotte !

HORTENSE

Moi ! La sœur du capitaine.

PASTINI, *tremblant et saluant*

Christe la Madona ! La sœur du ca... ca... **(Saluant.)** Madame...

HORTENSE

Mademoiselle, goujat !

PASTINI, *bafouillant*

Mademoiselle Goujat... non Mademoiselle ! Excusez mon erreur... On m'avait donné le signalement d'une créature mal famée dont auquel.. vous répondez comme deux gouttes d'eau...

HORTENSE

Vous êtes un imbécile et un malappris... et si vous voulez que je ne raconte pas à mon frère la façon dont vous m'avez traitée, je vous engage à vous montrer de la plus extrême bienveillance envers le cavalier Cochu, pour lequel je nourris une estime particulière..

PASTINI

Compris, Mademoiselle .. Dès l'instant que vous nourrissez...

HORTENSE

C'est entendu, n'est-ce pas ? La plus extrême bien-veillance.

PASTIN

Oui, Mademoiselle...

HORTENSE

J'ai deux mots à lui dire, faites-le venir ici immédia-tement. *(Elle passe à gauche.)*

PASTINI, *obséquieux et saluant*

Certainement, Mademoiselle... *(Allant vers la gauche.)* Cavalier Cochu. *(En coulisse bruit de vaisselle cassée.)* Qu'il est drôle ce garçon, il s'amuse à casser toute la vaisselle ! M. Cochu, voulez-vous me faire le plaisir d'avoir la complaisance de venir un petit peu par ici, s'il vous plaît. .

COCHU, *entrant*

Voilà, margis... c'est pour les assiettes... *(Apercevant Hortense.)* Oh ! Mademoiselle Hortense ! Fixe ! *(Il se met au garde à vous.)*

HORTENSE

Repos, mon ami, repos...

PASTINI, *descendant*

Son ami ! Il est sympathique ce garçon... *(Saluant Hortense.)* Mademoiselle, à votre service.. *(A Cochu.)* Au revoir, Monsieur Cochu, au revoir...

COCHU

Allez à la gare !

PASTINI, *en sortant à gauche par le fond, à part*

Christe la Madona, la betterave est dans les huiles . *(Il sort à gauche)*

SCENE V

HORTENSE, COCHU

HORTENSE

Vous devez être bien surpris, Cochu, de me voir à cette heure au quartier ?

COCHU, *étonné*

Oui, Mademoiselle.

HORTENSE

Eh bien ! c'est pour vous que je suis venue...

COCHU

Pour moi ?

HORTENSE

Oui... ce matin, j'étais dans le jardin, et en voyant ces beaux chrysanthèmes... *(Elle prend son bouquet.)* Je me suis dit : « Ah ! il faut que j'en porte un bouquet à ce brave Cochu... » Voilà... *(Riant.)* Eh ! eh ! eh !... Et jo vous l'ai apporté... prenez   *(Elle lui donne le bouquet.)*

CENTER>COCHU, *ahuri, prenant le bouquet*

C'est pas ma fête... Merci quand même, Mademoiselle. *(A part.)* Oh ! Elle n'est pas encore dessoûlée ce matin !

HORTENSE

Vous mettrez ce petit bouquet auprès de votre lit... il vous dira tout bas ce quo je... ce que vous... ce que je..

COCHU, *abasourdi, haut*

Oui . oui... oui... *(A part.)* Quelle muffée, mon emperour !

HORTENSE

Je ne sais pas comment vous dire ! Je voudrais que vous me comprissiez. . Vous avez devant vous une petite femme bien émue, Cochu, ayez pitié d'elle... écoutez... ou plutôt tenez   lisez ces vers, je les ai composés pour vous... *(Elle lui donne un petit papier)*

COCHU, *prenant le papier et posant le bouquet sur la table*

Mince ! Elle m'a composé un compliment !

HORTENSE, *à part*

Je fais vraiment tout ce que je peux !

COCHU, *lisant*
Cochu en ce beau jour
Acceptez sans detour
Ces jaunes chrysanthèmes
D'une main qui vous aime.

HORTENSE

Et cette main, Cochu, c'est. c'est .c'est... la mienne.. *(A part.)* Mon Dieu ! que je suis émue ! *(Elle détourne les yeux de Cochu et s'éponge le front avec son mouchoir.)*

COCHU

Comment, la main de Mademoiselle m'aime ?

HORTENSE

Oui, Cochu, la main, les mains, le cœur, et puis tout... tout vous aime...

COCHU

Vous m'aimez ? Moi ? Pourquoi ?

HORTENSE

Parce que vous êtes beau...

COCHU

Je suis beau *(Se regardant dans sa petite glace, qu'il tire de sa poche.)* Mais elle n'est pas si soûle que ça ; je ne l'avais pas remarqué !...

HORTENSE, *à part*

Ça prend !...*(Haut.)* Oui, mais de votre côté... est-ce que je vous plais un peu ?

COCHU

Vous, Mademoiselle, avec des arrière-postes comme les vôtres... Faudrait être difficile...

HORTENSE

De sorte que si je vous laissais comprendre... Il ne vous serait pas désagréable de... Je suis si gênée... Venez à mon secours.

COCHU

A votre secours !

HORTENSE

Epargnez-moi de vous faire moi-même des ouvertures

COCHU

Vous voulez me faire des ouvertures ?

HORTENSE

A votre tour j'attends que vous me demandiez...

COCHU

Quoi ?

HORTENSE, *tendrement*

Ne le devinez-vous pas ?

COCHU, *la regardant*

Comment c'est ça ?

HORTENSE

C'est ça...

COCHU

Oh ! vicieuse ! Alors quoi, vous avez un pépin pour
moi ?

HORTENSE

Oui, Cochu, un pépin, que dis-je, un noyau !

COCHU

Eh bien ! mais... on peut s'entendre.

HORTENSE *à part*

Il y vient...

COCHU

Justement à côté il y a la chambre du chef, qui est
vide.

HORTENSE

Ah ! voyons, Monsieur Cochu ! Vous parlez à une
jeune fille !

COCHU

Ah ! oui... Une jeune fille. Alors, faut qu'on ait du
temps devant nous !

HORTENSE

Il faut que nous soyons mariés !

COCHU

Mariés, nous deux ?

HORTENSE

Mais oui.

COCHU

Pour de vrai ?

HORTENSE

Devant M. le maire...

COCHU

Vous seriez Mme Cochu ?...

HORTENSE

Oui, mon ami, si vous y consentez...

COCHU

Tu parles... *(Se reprenant.)* Euh ! Mademoiselle parle... *(A part.)* Ah ! nom de Dieu ! Les copains vont en baver des basanes.

HORTENSE

Alors, dès aujourd'hui, je puis m'occuper des bans ?

COCHU

Ça colle.. *(Il passe.)* Occupez-vous des bancs .. des fauteuils. et du lit...Tout ça large... très large... Qu'on soye à l'aise ..

HORTENSE

J'achèterai tout le nécessaire...

COCHU, *revenant à elle*

Par exemple, je vous préviens tout de suite que j'ai pas une grosse dot : treize sous et un bon de tabac

HORTENSE

Je vous en prie, n'agitons pas ces questions maté-rielles...

Cochu

Oui, n'agitons pas le matériel...

Hortense

En attendant notre mariage et pour que vous ne soyez pas gêné, voici deux mille francs dans un joli porte-cartes à vos initiales... *(A part.)* Avec ses trois millions, il me les rendra au centuple...

Cochu

Deux mille balles ! *(A part.)* Je vais me payer un tampon.

Hortense

Et maintenant, beau vainqueur, échangeons le baiser des fiançailles.

Cochu

Pour ce prix-là, si vous en voulez deux... *(Il l'embrasse.)*

SCÈNE VI

LES MÊMES, LE CAPITAINE

Le Capitaine *entrant du fond gauche et surprenant le baiser.*

Oh !

Hortense *gagnant la gauche*

Hector !

Cochu, *gagnant la droite*

Le capitaine ! Ça va barder...

Le capitaine, *outré*

Ma sœur dans les bras de l'ordonnance !

HORTENSE

Ce n'est plus une ordonnance, Hector, c'est mon fiancé !

LE CAPITAINE, *stupéfait, allant à Hortense*

Quoi ?

COCHU

On se marie, mon capitaine, pour de bon... devant le maire...

LE CAPITAINE

C'est une plaisanterie, n'est-ce pas ?

HORTENSE

Non, Hector, nous nous aimons et dans trois semaines, je serai Madame Cochu.

LE CAPITAINE

Madame Cochu !... Qu'est-ce que c'est que cette histoire ?

HORTENSE

C'est une histoire d'amour.

LE CAPITAINE

Toi, ma sœur... tu te serais entichée de cet individu ?

HORTENSE

Je l'adore...

COCHU, *au capitaine*

Oh ! ça la tient bien !...

LE CAPITAINE

Voyons Hortense... c'est impossible ! Ce matin encore, tu le traitais d'animal, d'âne bâté et de crétin...

HORTENSE

Les grandes passions commencent souvent par de la haine...

LE CAPITAINE

Je t'en prie, regarde-le : il a une tête de brute... des mains de charretier... des pieds de déménageur...

COCHU

Ce qu'il m'abîme...

LE CAPITAINE

Il est ignorant... il est complètement idiot !

COCHU, *remontant*

Ah non ! Il chère...

HORTENSE

Tu es injuste... Mais je ne veux pas discuter : tel qu'il est Cochu m'a plu...

COCHU

Averse !...

HORTENSE

Et Cochu sera mon mari !

LE CAPITAINE

Je m'y opposerai de toutes mes forces !

HORTENSE

Alors, je prendrai les grands moyens et je me ferai enlever par Cochu...

COCHU

A votre service... je fais cent kilos, à l'arraché...

LE CAPITAINE

Oh ! Il y a là-dessous quelque chose qui m'échappe... Toi qui peux ambitionner un beau parti. Le commandant, tout à l'heure, me parlait de toi d'une façon significative, malgré la ridicule réception d'hier... Hésiterais-tu entre cet officier et un cavalier de seconde classe ?

HORTENSE

L'amour ne connaît ni grades, ni galons... Des reines ont épousé de simples bergers...

COCHU *la prenant dans ses bras*

Te laisses pas faire, ma gosse !

LE CAPITAINE *prenant les mains d'Hortense*

Songe aux conséquences désastreuses... de cette mésalliance, pour mon avancement... Jamais le commandant ne me pardonnera.

HORTENSE

Tu perds du temps, mon ami... Je veux vivre ma vie...

COCHU

Oui, elle veut vivre ma vie ! *(Hortense passe ses bras autour du cou de Cochu.)*

LE CAPITAINE, *se prenant la tête*

C'est un cauchemar !... Je vais me réveiller...

COCHU

Voulez-vous que je vous pince ?...

LE CAPITAINE

Et il se fiche de moi, encore !... Attends un peu, espèce de saligaud !... *(Il va pour se précipiter sur Cochu.)*

SCÈNE VII

LES MÊMES, LE COMMANDANT

LE COMMANDANT, *entrant*

Eh bien ! qu'y a-t-il ?

LE CAPITAINE, *furieux*

Mon commandant, il y a que cette brute s'est permis de...

LE COMMANDANT

Ah ! c'est encore votre crétin d'ordonnance ?...

COCHU, *riant bêtement*

Oui, mon commandant ! *(A Hortense.)* Il m'a reconnu !

HORTENSE

Commandant, c'est un garçon d'un grand mérite et je le recommande à votre bienveillance...

LE CAPITAINE

Mais, mon commandant, si vous saviez...

LE COMMANDANT, *l'interrompant*

Je ne sais qu'une chose, capitaine, c'est que la volonté d'une jolie femme est sacrée... *(A Cochu.)* Approchez, mon garçon... Y a-t-il quelque chose que vous désiriez ?

COCHU

Oui, mon commandant, un congé libérable... *(Regardant Hortense.)* pour me marier...

LE COMMANDANT

Allez dire au maréchal des logis de vous le préparer... *(Il passe 4, Cochu remonte au fond.)*

LE CAPITAINE, *rongeant son frein*

Elle est raide, celle-là !

HORTENSE

Merci, commandant !

LE COMMANDANT

De rien, Mademoiselle... Ce brave garçon pourra épouser sa payse... *(A Cochu qui a gagné la porte.)*

Qu'est-ce que c'est que votre future, mon ami ? Une
paysanne ? Une bonne ?

CENTER COCHU, *fièrement, revenant*

Non, mon commandant.. *(Fixant Hortense.)* Une
femme du monde. . *(Il sort par la gauche en faisant de
l'œil à Hortense.)*

LE COMMANDANT

Une femme du monde ! Oh ! oh ! oh ! avec cette
tête-là. Vous ne trouvez pas ça drôle, Mademoiselle ?

HORTENSE, *sèche*

Non, mon commandant

LE COMMANDANT

Excusez-moi : je vois que vous m'en voulez toujours
un peu de n'avoir pas su dissimuler quelque impatience
hier, à votre five o'clock.

HORTENSE

Nullement, commandant.

LE CAPITAINE

C'était bien naturel ! Avec cette brute d'ordonnance.

LE COMMANDANT

Ne parlons plus de ça Mais vous avez bigrement
bien fait de vous en débarrasser.

HORTENSE, *vivement*

Oh ! mais, mon commandant, il a bien des excuses,
ça n'a jamais été son métier. Ce n'est pas un domestique

LE COMMANDANT

Votre indulgence et votre bonté vous aveuglent,
chère Mademoiselle. Et, tenez, cela même me laisse

espérer que vous fermerez les yeux sur mes nombreux défauts et que vous consentirez peut-être à m'agréer pour compagnon de vos jours ?...

LE CAPITAINE

Mais, mon commandant ! Quel honneur ! Je suis sûr que ma sœur appréciera les...

HORTENSE

Ce n'est pas à toi à répondre, Hector.

LE COMMANDANT

Ah ! c'est juste !

HORTENSE

C'est moi qui suis en jeu... Tu connais mes sentiments... Commandant, à votre demande, je suis obligée de répondre...

LE CAPITAINE, *vivement*

De répondre que tu réfléchiras.

LE COMMANDANT

C'est trop juste. Quand il s'agit de s'enchaîner pour la vie, on ne saurait prendre trop de temps pour réfléchir... Je reviendrai dans cinq minutes. *(Il sort à droite 2e plan.)*

LE CAPITAINE, *bas*

J'espère que tu vas accepter.

HORTENSE

Non, non et non !... C'est Cochu qu'il me faut...

LE CAPITAINE

Oh ! la rosse ! la rosse !

VOIX DU COMMANDANT

Eh ! bien, Reverchon, vous venez ?

HORTENSE

C'est Cochu ! C'est Cochu qu'il me faut !

LE CAPITAINE, *en sortant*

Voilà, mon commandant. *(A part.)* C'est de l'hystérie !...

HORTENSE

L'hystérie .. Trois millions...

SCÈNE VIII

HORTENSE, MAITRE POUPONET

MAITRE POUPONET, *entrant par le fond gauche*

Tiens, Mademoiselle Hortense...

HORTENSE

Bonjour, Maître... Comment vous ici ?

MAITRE POUPONET

Oui, le commandant m'a fait appeler d'urgence. Ne doit-il pas vous épouser ?

HORTENSE

Oh ! c'est de l'histoire ancienne, grâce à votre petite confidence d'hier, j'épouse l'heureux héritier.

MAITRE POUPONET

Comment, vous ? *(A part.)* Pauvre jeune homme ! *(Haut.)* Félicitations.

HORTENSE

Il m'aimait en secret... et j'ai bien voulu consentir à faire son bonheur.

MAITRE POUPONET

Mais puis-je espérer que malgré ce chassé-croisé, vous userez de mes bons offices ?

HORTENSE

Certainement, Maître Pouponet. A ce sujet, je voudrais bien vous demander une consultation pour... une de mes amies.

MAITRE POUPONET

Tout à vos ordres, Mademoiselle.

HORTENSE

Comment une femme, qui n'a pas beaucoup d'argent et qui épouse un homme qui en a beaucoup, doit-elle s'y prendre pour en avoir beaucoup et en laisser le moins possible à son mari ? Oui... *(Se reprenant.)* Enfin...

MAITRE POUPONET

Eh bien ! Mademoiselle, vous répondrez à... votre amie de faire un contrat prévoyant la communauté avec attribution de tous les biens présents et à venir au dernier survivant.

HORTENSE

Mais en cas de divorce ?

MAITRE POUPONET

C'est le partage par moitié !

HORTENSE *à part*

La moitié ?... C'est encore très bien... *(Haut.)* J'avertirai mon amie. Je vous remercie.

MAITRE POUPONET

A votre service .. et à celui de votre amie.

HORTENSE

Mais souffrez que je vous laisse. Je bous d'aller rejoindre mon fiancé. *(Frappant sa poitrine.)* Si vous saviez ce que j'ai là pour lui...

MAITRE POUPONET

Ce doit être fort bien, Mademoiselle !

HORTENSE

Flatteur ! Au revoir, au revoir. *(Elle sort par le fonds.)*

MAITRE POUPONET, *seul*

Baste ! Qu'elle épouse l'ordonnance ou le commandant... C'est toujours moi qui ferai le contrat. Alors ! *(Se frottant les mains.)* Ça va, ça va... Je suis content· *(Il sort.)*

SCÈNE IX

LORMOIS, YVONNE

LORMOIS, *arrivant du fond*

Par ici, Mademoiselle Yvonne, nous serons tranquilles pour bavarder.

YVONNE

Oh ! Je n'ai qu'un mot à vous dire, depuis hier j'ai beaucoup réfléchi, vous êtes décidément trop poltron pour demander ma main à mon père.

LORMOIS, *se lèvant*

C'est vrai...

YVONNE

Vous n'étiez pourtant pas si timide, quand vous avez flirté la première fois avec moi à la musique.

LORMOIS

C'est parce qu'il y avait du monde... du bruit... des instruments qui jouaient... ça me donnait du courage.

YVONNE

Vous ne voulez tout de même pas que j'installe un orchestre auprès de papa pour vous aider à lui demander ma main.

LORMOIS

Méchante, vous vous moquez de moi.

YVONNE

Non.. je vous gronde, Monsieur... Le manque d'audace est un très vilain défaut pour un homme.

LORMOIS

A qui le dites-vous !...

YVONNE

La timidité, c'est comme la poudre de riz... ça ne va bien qu'aux femmes.

LORMOIS

Vous vous passez bien de poudre, vous, Mademoiselle?

YVONNE

Oh ! moi je suis un peu garçon... Et tenez il me semble que si j'étais comme vous, militaire, cavalier, secrétaire du capitaine-adjudant major, je n'hésiterais pas longtemps.

LORMOIS

Que feriez-vous ?

YVONNE

Je me planterais crânement devant mon supérieur et je lui dirais : « Mon capitaine, Mademoiselle votre fille a fait le siège de mon cœur, moins courageux que la vieille garde, je meurs d'amour et me rends... »

LORMOIS

Et le capitaine vous répondrait : « Rendez-vous à la salle de police, vous avez les cheveux trop longs, Mademoiselle » Ah ! non, ma petite Yvonne, avec votre père, c'est inutile, je ne pourrai jamais lui parler de vous.

YVONNE

Alors, grand poltron, demandez au commandant de vous servir d'avocat auprès de lui.

LORMOIS

Moi !... Parler au commandant ! C'est effrayant !..

YVONNE

Un peu de courage, voyons... Il y a six mois que nous sommes fiancés en cachette.. Je veux me marier moi... J'en ai assez d'attendre . Je suis de la classe.

LORMOIS, *l'embrassant*

Vous êtes délicieuse... Tenez, je vous aime tant que je vais parler ce matin même au commandant.

YVONNE

Bravo. C'est un excellent homme d'un abord très facile. Il consentira sûrement à plaider votre cause.
(Voix du commandant en coulisse.)

YVONNE

Justement j'entends sa voix .. Il vient par ici... Je me sauve, je reviendrai dans une demi-heure.

LORMOIS

Quelle émotion !...

YVONNE

En passant au poste, puisque la musique vous donne du courage, je dirai au trompette de vous jouer un petit air pendant que vous parlerez au commandant. *(Elle sort.)*

LORMOIS, *seul*

Méchante ! Oui, je vais lui parler au commandant ! Oui, je vais lui parler... *(Regardant à la cantonade.)* Pas maintenant, tout à l'heure. *(Il sort à gauche.)*

SCÈNE X

LE COMMANDANT, MAITRE POUPONET

MAITRE POUPONET

Mon commandant, vous m'avez fait l'honneur de m convoquer d'urgence..

LE COMMANDANT

C'est pour ce projet de contrat, dont je vous ai parlé hier.

MAITRE POUPONET

Quel contrat, commandant ?...

LE COMMANDANT

Ne vous l'ai-je pas dit ? Mon contrat de mariage avec la sœur du capitaine !

MAITRE POUPONET

Avec la sœur du capitaine ?

LE COMMANDANT

Sans doute.. Vous avez l'air de tomber de la lune !..

MAITRE POUPONNET

Non, mon commandant.. J'avais bien entendu parler du mariage de Mlle Reverchon...

LE COMMANDANT

Eh bien ! ..

MAITRE POUPONET

Mais ce n'était pas précisément avec vous...

LE COMMANDANT

Vous voulez rire...

MAITRE POUPONET

Nullement. . Tout récemment, j'ai vu Mlle Hortense
et elle m'a parlé d'un projet d'union avec un tout jeune
homme. .

LE COMMANDANT

Eh bien ?

MAITRE POUPONET

Je dis un tout jeune homme.

LE COMMANDANT

Ah ! Un tout jeune homme !. Mais alors, ce n'est
pas moi !...

MAITRE POUPONET

J'en ai peur ! ..

LE COMMANDANT

Ah ! Ça c'est trop fort... et le capitaine qui me laisse
m'emballer sur sa sœur... Et quel est l'heureux mortel
qui m'a supplanté ?

MAITRE POUPONET

C'est un simple cavalier de seconde classe, mon commandant !

LE COMMANDANT

Un cavalier de seconde classe ! Ça, alors, ça dépasse
tout.. Me préférer à moi, commandant, un simple bibi...
le nom du bibi.. le nom de celui...

MAITRE POUPONET, *montrant Lormois qui rentre
timidement.*

Justement, le voici, mon commandant.

LE COMMANDANT

Ventre de biche, mais c'est Lormois... Merci, notaire,
merci bien.

MAITRE POUPONET

De rien, mon commandant... Je suis content.. je
viens encore une fois d'arranger les choses... Ça va, ça
va. *(Il sort.)*

SCÈNE XI

LE COMMANDANT, LORMOIS, puis PASTINI

LE COMMANDANT, *redescendant à droite, à Lormois*
Approchez...

LORMOIS, *s'avançant, à part*

Il n'a pas l'air trop mal disposé ; c'est le moment de
lui demander son appui... *(Haut.)* Mon commandant,
encouragé par votre bienveillance, je voudrais...

LE COMMANDANT, *interrompant*

Taisez-vous !.. Est-il exact que vous ayez des visées
sur la maison du capitaine ?

LORMOISS

Ah ! mon commandant sait ? Je suis bien heureux...
mon commandant... parce que précisément j'espérais
que,..

LE COMMANDANT

Que quoi ?

LORMOIS

Que vous consentiriez à me prêter votre appui pour
que j'obtienne la main de la personne qui...

LE COMMANDANT

Que je vous aide, moi ?.. Ça par exemple, c'est une
trouvaille.

LORMOIS

Oui, mon commandant. Vous êtes toujours si bon pour
les hommes de votre escadron et puis... vous m'intimi-
dez moins que le capitaine.

LE COMMANDANT

Très flatté, mon ami. Mais on ne vous a donc pas dit
chez le capitaine que moi aussi j'avais le désir d'entrer
dans sa famille ?

LORMOIS

Si, mon commandant, Mlle Hortense avait bien voulu
m'en faire la confidence...

LE COMMANDANT

Oh ! Mlle Hortense vous en avait... Et ça ne vous a
pas fait hésiter...

LORMOIS

Du tout, mon commandant, au contraire.

LE COMMANDANT, *se contenant*

Ah ! au contraire !

LORMOIS

Ça ne pouvait que me flatter et m'exciter à aller de
l'avant.

LE COMMANDANT, *rageant*

Ah ! ça vous a excité... (*A part.*) Il est cynique !..

LORMOIS

Quand on se sent aimé !...

LE COMMANDANT

Bravo ! Et naturellement c'est votre poste de secrétaire chez le capitaine qui vous a permis de manigancer
cette petite affaire ?

LORMOIS

En effet... ça m'a permis de faire très facilement la
cour à Mlle Reverchon.

LE COMMANDANT

C'est parfait. Vous vous rencontriez souvent ?

LORMOIS

Souvent, très souvent, mon commandant. Dans le
vestibule chaque jour en entrant et puis le dimanche
nous soupirions ensemble à la musique.

LE COMMANDANT

C'est attendrissant. Et moi qui n'y voyais que du feu !

LORMOIS

Oh ! dame, on se cachait bien. Mais maintenant nous
avons le grand désir que ce soit officiel.

LE COMMANDANT

Comme vous avez raison ! Vous ferez un couple délicieux. *(A part.)* Elle pourrait être sa mère.

LORMOIS

Oh ! votre accueil paternel, mon commandant, m'in-
cite à vous demander encore une faveur.

LE COMMANDANT

Au point où vous êtes, je comprends ça.

LORMOIS

Si je pouvais avoir un après-midi sur deux de libre, je pourrais me rendre chez ma fiancée, et...

LE COMMANDANT

Vous voulez peut-être que je vous change d'emploi ?

LORMOIS

Je n'osais pas vous le demander, mon commandant.

LE COMMANDANT

On vous trouvera quelque chose.

LORMOIS, *à part*

Il est charmant.

LE COMMANDANT

Hé là-bas, le margis, approchez un peu...

PASTINI, *faisant claquer ses talons pour se mettre au garde à vous*

Mon commandant !

LE COMMANDANT

On a dit au rapport d'hier, je crois, qu'on avait besoin d'un garçon à la cuisine...

PASTINI

Oui, mon commandant, pour remplacer Balutmar qu'on a « désinfecté », parce qu'il avait fait bouillir son treillis dans la soupe.

LE COMMANDANT

Parfait ! Alors, voici le cavalier Lormois auquel je m'intéresse et qui désire quitter son poste de secrétaire.. Affectez-le donc aux cuisines.

PASTINI

Comment mon commandant, Monsieur Lormois...aux cuisines ?

LE COMMANDANT.

Parfaitement. Il désire se marier. Il apprendra ainsi les soins du ménage.

LORMOIS, *affolé*

Mais.. mon commandant, je...

LE COMMANDANT

Ne me remerciez pas... Ce n'est qu'un petit commencement...

LORMOIS

Oh !

LE COMMANDANT

Je n'aime pas beaucoup qu'on se paye ma tête, mon jeune ami...

LORMOIS

Moi, je me suis payé...

LE COMMANDANT

Je suis un bon bougre, mais tout de même, comme ils disent au peloton... Vous avez égratigné le palissandre. *(En sortant.)* Il m'en a fichu la migraine !

SCÈNE XII

LORMOIS, PASTINI, puis COCHU

LORMOIS

Cuisinier ! Moi ! Avec mon éducation !

PASTINI

Eh bien ! vous allez commencer par me nettoyer les fourneaux avec votre inducation... Mais d'abord, je vais vous équiper. *(Il va décrocher derrière la porte de*

gauche un bourgeron, un treillis et un calot de cuisinier.
Les vêtements sont noirs de crasse)

LORMOIS

Eh bien ! j'en ai de la chance avec mon mariage !

PASTINI

Là ! endossez-moi vitement ce petit complet... *(Il*
lui passe les vêtements.)

LORMOIS, *faisant la grimace*

Il est immonde !

PASTINI

Et tâchez moyen d'en avoir soin ! Chaque tache vous
coûtera deux jours ! Figure antipathique !

LORMOIS

Chaque tache en plus, alors j'en ai pour vingt ans

COCHU, *entrant du fond, apercevant Pastini*

Oh ! le Corsico ! Je me débine ! *(Il va pour sortir*
à gauche.)

PASTINI, *l'apercevant*

Eh ben! Cochu, ne vous en allez pas comme ça, mon
ami, ce n'est pourtant pas moi qui vous effraie....

COCHU

Si, margis !

PASTINI

Ah ! que vous avez donc tort ! Je ne vous mangerai
pas, bien au contraire... Un cigare ? *(A Lormois.)*
Passez donc les cigares, vous ! *(Il prend l'étui à cigares*
de Lormois et offre un cigare à Cochu.)

COCHU

Un cigare à moi ! De vous à moi...

PASTINI

Mais oui, prenez, prenez...

LORMOIS

Ça, par exemple ! c'est raide. .

PASTINI, *tendant son briquet à Cochu*

Un peu de feu ?

COCHU

De votre feu ? Oh ! margis, c'est trop, vraiment, c'est trop.

PASTINI, *lui donnant du feu*

Vous me récompensez en glissant un petit mot pour mon avancement en haut lieu...

COCHU

Vous voulez avancer aux lieux ?

PASTINI

Farceur ! Vous me comprenez... Mais asseyez-vous donc pour fumer bien à votre aise... *(Il le fait asseoir sur le banc de droite.)*

COCHU

C'est que, margis, je venais pour ramasser les morceaux des assiettes, que j'ai cassées tout à l'heure...

PASTINI

Laissez donc ça, mon ami... Nous avons un nouveau garçon de cuisine qui va s'occuper de cette besogne malpropre.. *(Il va vers Lormois.)* Vous avez entendu le fourbi, hein, l'homme à la figure antipathique?

COCHU, *apercevant Lormois*

Ah ! ah ! le secrétaire... qui est cuistancier... Tes actions sont plutôt en baisse, le pommadé....

LORMOIS

Je vous dispense de vos réflexions, espèce de malotru !

PASTINI

Moi, je vous dispense de permission dimanche, figure antipathique ! Ça vous apprendra à manquer de condésirations vis-à-vis de M. Cochu.

LORMOIS

Oh !

COCHU, *fumant prétentieusement son cigare et faisant un signe protecteur de la main.*

Laissez, margis, laissez, ça n'a aucune importance, c'est une betterave.

LORMOIS

Betterave ! Moi !

PASTINI

Parfaitement, betterave... Et maintenant en vitesse, filez-moi éplucher vos sœurs.. les patates... *(Il le pousse vers la cuisine.)*

LORMOIS, *sortant bousculé*

Et je suis licencié en droit !

PASTINI

Allez ! allez ! courissez ! *(Sortie par le fond droite.)*

SCÈNE XIII

COCHU, MÉLANIE

COCHU

Les femmes me donnent deux mille balles et le Corsico voudrait m'acheter avec des cigares à deux ronds, non, mais il ne m'a pas aregardé !

MÉLANIE, *entrant*

Cochu ! Enfin, je te retrouve !

COCHU, *à part*

Oh ! zut, mon ancienne liaison ! C'est énervant.
(Haut.) Je vous prie, ma fille, de ne pas venir au quartier me déranger dans mes occupations.

MÉLANIE

Oh ! la la, ce que tu es devenu fier !

COCHU

Je vous serai reconnaissant de me « vouyover » à
'avenir...

MÉLANIE

Quoi ?

COCHU

De me « vouyover », de me dire vous...

MÉLANIE

Tu deviens fou ! Qu'est-ce que je t'ai fait ?

COCHU

Vous ne m'avez rien fait, mais nous ne sommes plus
du même monde.

MÉLANIE

Comment ?

COCHU, *bafouillant prétentieux*

Donérivanant... dorienravant dorénavant je deviens
un type de la haute... Je fais un mariage d'argent.

MÉLANIE

Tu te maries ?... Avec une autre que moi !

COCHU

J'épouse la sœur du capiston...

MÉLANIE

Mlle Hortense ? Tu es toqué !

COCHU, *majestueux*

Elle est folle de moi.. Je lui ai accordé ma main, pour éviter qu'elle fasse un malheur...

MÉLANIE

Ben et moi, alors, qu'est-ce que je deviens dans la combinaison ?

COCHU

Je vous offrirai ma photographie.

MÉLANIE

Ça me fera une belle jambe... maintenant que tu m'as ravi l'honneur.

COCHU

T'nez-vous !

MÉLANIE

Tu n'es qu'un saligaud !

COCHU

Vous devez comprendre, ma fille, que je peux pas sacrifier mon avenir à un instant d'égarement passionnel...

MÉLANIE

Ah ben ! tu es un joli mufle !

COCHU

Je ne suis pas mufle, je suis un charmeur, c'est même rapport à ma joliesse que j'épouse la sœur à Hector.

MÉLANIE, *furieuse*

C'est impossible ! Tu ne vas pas me plaquer comme ça, moi qui t'ai toujours aimé malgré ta bêtise.

Cochu

Je comprends le désespoir que vous cause ma perte, mais que voulez-vous ? Un fourneau nous sépare...

Mélanie

Tu n'es qu'un saligaud et un ingrat.

Cochu

Oh! ne gueulez pas, ma fille... Une fois marié je vous prendrai comme cuisinière et je vous ferai augmenter de dix francs par mois...

MÉLANIE, *pleurant et lui mettant ses deux bras autour du cou*

Je ne veux pas être augmenté... Cochu... Isidore... Je ne te laisserai pas épouser une autre femme... (*Elle cherche à embrasser Cochu. Le capitaine entre du fond.*)

SCÈNE XIV

LES MÊMES, LE CAPITAINE

LE CAPITAINE, *entrant et descendant*

Oh !

COCHU, *à part*

Mon beau-frère ! Oh ! c'est que énervant !

LE CAPITAINE

Mélanie ! ma bonne ! Dans les bras de « La Betterave ».

MÉLANIE, *pleurant*

Je l'aime, mon capitaine.

LE CAPITAINE

Vous aussi ! et vous lui avez prouvé votre amour ?

MÉLANIE

Environ trois fois par semaine, mon capitaine.

LE CAPITAINE

Et naturellement ça se passait sous mon toit ?

COCHU

Oui, mon capitaine, sous le toit, au sixième.

MÉLANIE, *pleurnichant de plus belle*

Il m'avait promis le mariage...

COCHU, *au capitaine*

Ne faites pas attention, Hector, c'est une malheureuse.

LE CAPITAINE, *à Cochu*

Taisez-vous ! Je vous défends de m'appeler Hector. *(A Mélanie.)* Quant à vous, Mélanie, fichez-moi le camp à vos fourneaux...

COCHU

Mais oui, voyons la domestique, laissez-nous en famille.

MÉLANIE, *sortant par le fond, en pleurant*

Les cavaliers sont des cochons ! Si j'avais su, j'aurais pris un pompier.

LE CAPITAINE, *à part*

Oh ! mais je commence à en avoir assez ! *(Haut et venant à Cochu.)* Me direz-vous, bougre de saligaud ce que vous avez fait à ma pauvre sœur pour qu'elle veuille devenir la femme d'un cosaque de votre espèce ?

COCHU

J'y ai tapé dans l'œil tout simplement.

LE CAPITAINE

Vous lui avez tapé dans l'œil ?

COCHU

C'est pas de ma faute... J'ai du charme !

LE CAPITAINE, *marchant sur Cochu et le faisant tourne*

Fichez-moi le camp, ou je ne réponds plus de moi !

COCHU

Hector, t'as tort ! T'as tort, Hector. *(Il sort préci-pitamment.)*

LE CAPITAINE, *exaspéré, il va pour se précipiter sur Cochu qui se sauve.*

Oh ! il faut absolument que j'avertisse ma sœur ! Ce mariage est un scandale ! *(Il va pour sortir et se heurte à Maitre Pouponet qui entre.)*

SCÈNE XV

LE CAPITAINE, MAITRE POUPONET,
puis YVONNE

MAITRE POUPONET

Mon capitaine, mes sincères compliments pour le superbe mariage de Mademoiselle votre sœur...

LE CAPITAINE, *furieux*

Ecoutez, notaire, je vous engage à ne pas **vous foutre de** moi, autrement je vous coupe les oreilles...

MAITRE POUPONET, *à part*

Mais capitaine...

YVONNE, *entrant par le fond*

Tiens, papa, où vas-tu ?

LE CAPITAINE

Où ça me plaît... *(Yvonne de peur; remonte. A Pou-*
ponet.) Vous avez compris ? Les oreilles pour commencer... *(Il sort par le fond.)*

YVONNE

Eh bien, vrai ! papa n'a pas l'air de bonne humeur !

MAITRE POUPONET

Vous pouvez le dire, Mademoiselle. Le mariage de
Mlle Hortense ne paraît pas beauconp lui sourire...

YVONNE

Pourtant le commandant est un excellent parti...

MAITRE POUPONET

Oh ! mais c'est changé... Ce n'est plus le commandant.

YVONNE

Qui est-ce donc ?

MAITRE POUPONET

Le cavalier Lormois.

YVONNE

Le caval.. le cavalier . Vous êtes sûr ?

MAITRE POUPONET

Absolument.. La nouvelle sera bientôt officielle...
(Yvonne pousse un cri et tombe d'une pièce dans les
bras de Pouponet qui, surpris, lâche son chapeau et sa
serviette. Il porte Yvonne sur le banc de gauche et lui tape
dans les mains.) Eh bien ! eh bien ! Mademoiselle
qu'avez-vous ?

YVONNE, *revenant à elle*

Rien, le saisissement.. cette nouvelle imprévue.
Merci, ça va mieux.

Maitre Pouponet

Je comprends.. C'est la joie d'apprendre le mariage
de votre tante... Pauvre petite... J'adore faire
plaisir aux gens... *(En sortant à droite et se frottant les mains, après avoir ramassé son chapeau et sa
serviette.)* Allons ça va, je suis content, je viens encore
une fois d'arranger les choses.

SCÈNE XVI

YVONNE, COCHU, puis LORMOIS

Yvonne, *seule et furieuse*

M. Lormois épouse ma tante ! Evidemment elle est
plus riche que moi ! Le traître ! *(Se levant et gagnant
la gauche.)* Oh ! mais, je me vengerai... Je ne lui laisserai pas la satisfaction de rompre de lui-même... Je vais
me jeter à la tête du premier venu.. le plus laid, le plus
bête, que je pourrai trouver, pour que M. Lormois
enrage en voyant par qui je le remplace.

Cochu, *entrant du fond, apercevant Yvonne*

Oh ! ma nièce ! Bonjour, petite !

Yvonne, *à part*

Cochu, voilà mon affaire... *(Allant à lui, haut.)*
Bonjour, Cochu.. C'est justement vous que je venais
voir...

Cochu

Moi !

Yvonne

Depuis que vous avez quitté notre service, j'ai découvert une chose surprenante.

COCHU

La clef du champ de manœuvre ?

YVONNE

Non, Cochu... J'ai découvert que j'ai été amoureuse de vous.

COCHU

Vous aussi... *(à part.)* Encore une !

YVONNE

J'étais fiancée avec M. Lormois, mais je vais rompre ce mariage.

COCHU, *paternel*

Voyons, voyons, mon petit... Il ne faut pas vous emballer comme ça...

YVONNE

Vous méprisez mon amour ?

COCHU

Non, je ne la méprise pas... Seulement je vais vous dire : aujourd'hui je refuse du monde...

YVONNE

Ça m'est égal...

COCHU

Après tout, elle est plus jeune que l'autre...
(Paraît Lormois de droite cuisine. Il est en marmiton, treillis, bourgeron et bonnet noirs de crasse.)

LORMOIS

On étouffe dans cette cuisine !

YVONNE

Monsieur Lormois ! Vous tombez bien... *(A part.)* Dieu qu'il est laid ! *(Haut)* Je suis heureuse de vous annoncer mon mariage avec M. Cochu.

LORMOIS

Comment... Vous, Mademoiselle... **vous épousez la** Betterave ?

COCHU

Oui, mon petit, moi, la Betterave, **on se dispute mes** épluchures...

YVONNE

Dans trois semaines, Cochu, je serai votre femme...

COCHU

Ça colle... *(A part.)* Je vas monter **un** sérail...

LORMOIS

Je deviens fou !

COCHU

Te bile pas... le cuisinier... Je te **refilerai** Mélanie...

YVONNE, *à Cochu*

Pour sceller notre accord, je vous autorise à m'embrasser !

LORMOIS, *remontant **au fond***

Oh ! ça !

COCHU

Avec plaisir... *(S'essuyant la bouche.)* **A** la tienne Lormois ... *(Il embrasse Yvonne. Le capitaine et Hortense paraissent au fond.)*

SCÈNE XVII

Les MÊMES, LE CAPITAINE, HORTENSE, MÉLANIE, PASTINI ,BRIFFOTEAU, MICHONDARD

LE CAPITAINE, *au fond*

Nom de Dieu !

HORTENSE

Yvonne.

COCHU, *gagnant la droite, Yvonne la gauche*

Zut ! Voilà mes anciennes femmes !

LE CAPITAINE, *descendant vers Yvonne*

Ma fille ! C'est ma fille, à présent, qui se laisse embrasser par ce cochon-là !

COCHU

C'est pas moi ; c'est elle qui me l'a demandé... papa...

HORTENSE, *à Yvonne*

Je ne me laisserai pas voler mon fiancé !

MÉLANIE, *entrant*

Vous m'avez bien volé le mien !...

LE CAPITAINE, *furieux*

Taisez-vous toutes ! *(A Cochu.)* Enfin, espèce de crapule, vous avez donc juré de déshonorer toute ma maison ? Après ma bonne, ma sœur, après ma sœur, ma fille ! A qui vous arrêterez-vous donc, bon Dieu ? A qui ?

COCHU

A vous, mon capitaine !

(Le capitaine se précipite sur lui, Hortense et Yvonne le retiennent. Briffoteau, Michondard et Pastini se tordent au fond.)

RIDEAU

ACTE III

Même décor qu'au premier acte.

SCÈNE I

MÉLANIE, BRIFFOTEAU

Au lever du rideau, Mélanie met Briffoteau au courant du service.

MÉLANIE

Alors c'est vous qui êtes la nouvelle ordonnance. du capitaine ?

BRIFFOTEAU

Oui, Mademoiselle Mélanie ; ma promotion date de ce matin.

MÉLANIE

Comment vous appelez-vous ?

BRIFFOTEAU

Briffoteau... César pour les dames.

MÉLANIE

Eh bien ! César, je vais vous mettre au courant du service... Ici, c'est le salon.

BRIFFOTEAU

C'est une belle carrée.

MÉLANIE

Ici, c'est la chambre du capitaine, là, la chambre de Mlle Yvonne et de Mlle Hortense ; là, le boudoir.

BRIFFOTEAU

Un endroit où qu'elles vont bouder ?

MÉLANIE

Mais non, voyons, un boudoir, c'est pas pour bouder ; c'est pour se reposer.

BRIFFOTEAU

Alors, c'est un reposoir.

MÉLANIE, *riant*

Loustic, va !... *(Elle cesse brusquement de rire et pousse un gros soupir.)* Ah !...

BRIFFOTEAU

Qu'avez-vous ?

MÉLANIE

Excusez-moi, mais chaque fois que j'entends une bêtise, ça me rappelle un idiot qui m'a déchiré le cœur.

BRIFFOTEAU

Il est décédé, l'idiot ?

MÉLANIE

Ah ! si ce n'était que ça !... Mais, il m'a plaquée...

BRIFFOTEAU

C'est affreux !

MÉLANIE

Pour épouser la sœur de son patron...

BRIFFOTEAU

La sœur de... Mais alors, c'est mon prédécesseur, c'est Cochu.

MÉLANIE

Oui, c'est lui... C'est ce cochon de Cochu !

BRIFFOTEAU

C'est ce Cochu de cochon ! Alors, vrai, c'est pas des bobards ? Ça va se faire, ce mariage-là ?

MÉLANIE

On commence aujourd'hui la publication des bans.

BRIFFOTEAU

C'est donc ça que Cochu a quitté la caserne avant-hier...

MÉLANIE

Il a obtenu un congé libérable et, depuis qu'il est civil, il loge chez nous... dans la chambre d'ami... si c'est pas une pitié... -

BRIFFOTEAU

Et le capiston, qu'est-ce qu'il dit de ça ?

MÉLANIE

Lui ? Il ne décolère pas de la journée...

BRIFFOTEAU

Et voilà pourquoi ça barde tant à l'escadron !...

MÉLANIE

Il y a de quoi être mécontent... Jusqu'à sa fille qui s'était toquée de Cochu !...

BRIFFOTEAU

Je sais même qu'elle l'a embrassé....

MÉLANIE

Oui, mais celle-là, au moins, ça lui a passé vite... Elle ne regarde même plus Cochu... Alors, lui, il est tout à son Hortense et il méprise mes soupirs !

BRIFFOTEAU

Des soupirs si appétissants, l'ingrat !

MÉLANIE

C'est de ma faute, aussi ! Je l'ai trop gâté ! Pendant qu'il se vautrait dans les fauteuils, moi, je lui faisais son ouvrage. Je balayais, je frottais, j'astiquais.

BRIFFOTEAU

Ah ! c'est vous qui turbiniez. Ça tombe bien, moi, je ne suis pas très courageux.

MÉLANIE

Oh ! mais maintenant, c'est bien fini. Ils vont barder, les ordonnances. Pour commencer, cet après-midi, vous astiquerez les cuivres et vous battrez le grand tapis.

BRIFFOTEAU

Ah ! je battrai les cuivres et j'astiquerai le grand tapis !... Bon, bien .. ça m'est égal !.. . Vous êtes cruelle. Je ne m'attendais pas à ça Cochu m'avait tant dit que vous étiez une crème .

MÉLANIE, *radoucie*

Ah ! Il vous a dit ça, Cochu ?

BRIFFOTEAU

Oui. Et que vous n'étiez pas fière et bien obligeante...

MÉLANIE

Ah ! Il vous a dit ça aussi ?

BRIFFOTEAU

Et que vous aviez un cœur de brioche.

MÉLANIE, *éclatant en sanglots et tombant assise sur le canapé.*

C'est vrai, que mon cœur c'est de la brioche.

BRIFFOTEAU

Alors, ne pleurez pas comme une madeleine...

MÉLANIE

J'ai trop de chagrin !

BRIFFOTEAU, *l'embrasse dans le cou*

J'essaierai de vous consoler.

MÉLANIE

Vous êtes gentil.

BRIFFOTEAU

Oui, je suis très gentil. Alors, dites... C'est vous qui astiquerez les cuivres ?...

(Il l'embrasse dans le cou.)

MÉLANIE

Je veux bien.

BRIFFOTEAU

Mouchez-vous, voyons.

MÉLANIE

Je n'ai pas de mouchoir.

BRIFFOTEAU *la mouchant*

Soufflez ! On ira tous les deux, dimanche, se promener le long du canal...

MÉLANIE

Vous avez du cœur, vous !

BRIFFOTEAU

Beaucoup... alors... pendant que vous y serez, vous battrez le grand tapis, hein ?

(Il l'embrasse dans le cou.)

MÉLANIE

Si vous voulez, César !

BRIFFOTEAU

Ah ! Mélanie, je sens que la place va me plaire.

SCÈNE II

HORTENSE, MÉLANIE, BRIFFOTEAU

HORTENSE, *paraissant de gauche*

Qu'est-ce que vous faites là, tous les deux ?

MÉLANIE

Je pleure, Mademoiselle.

BRIFFOTEAU

Et moi, je l'aide.

HORTENSE, *à Mélanie*

Qu'est-ce que vous avez ?

MÉLANIE

J'ai, mademoiselle, que j'ai été volée...

HORTENSE

Pas possible ! Que vous a-t-on pris ?

MÉLANIE, *la regardant fixement*

Un homme, mademoiselle...

HORTENSE

Un homme ?

MÉLANIE, *même jeu*

Une monstruosité d'homme... qui s'est laissé voler..

HORTENSE

Permettez !...

MÉLANIE

Mais il sera puni, Mademoiselle! Et, en fin de compte, c'est peut-être lui qui sera volé !...

HORTENSE

Vous êtes une insolente et je vous prie de m'épargner vos confidences indécentes. Vous parlez à une jeune fille.

MÉLANIE, *pour Briffoteau*

Pauv' mignonne !

HORTENSE

Vous dites ?

MÉLANIE

Rien, mademoiselle...

HORTENSE

Allez nous préparer le thé pour cinq heures... j'attends mon fiancé...

MÉLANIE, *à part en sortant*

Son fiancé ! Cochon de Cochu !

BRIFFOTEAU

Cochu de cochon !

HORTENSE

Alors, Briffoteau, Mélanie vous a mis au courant ?

BRIFFOTEAU

Oui, Mademoiselle... Je ferai tout ce que faisait Cochu !

HORTENSE

Dites donc, mon garçon, vous pourriez dire « Monsieur Cochu ».

BRIFFOTEAU, *riant*

Mais on se tutuèye, Mademoiselle, je vas pas y dire Mossieur !

HORTENSE

Je vous en prie, au contraire.

BRIFFOTEAU

Mais Mademoiselle, on s'a soûlé ensemble plus de vingt fois, je vas pas y dire « Mossieur », voyons !

HORTENSE, *impérative*

Vous le lui direz, ou je vous fiche à la porte.

BRIFFOTEAU

Bien, Mademoiselle
(On sonne.)

HORTENSE

Voyez qui a sonné !
(Briffoteau sort.)

HORTENSE, *seule*

Encore un rustre .. Quand j'aurai nos trois millions, j'engagerai un valet de pied...

BRIFFOTEAU, *reparaissant*

Mademoiselle ..

HORTENSE

Eh bien ! qu'est-ce ?

BRIFFOTEAU

Mademoiselle, c'est... c'est.. *(Il pouffe.)*

HORTENSE

Qu'est-ce qui vous prend ?

BRIFFOTEAU

C'est... c'est... *(Il pouffe.)*

HORTENSE

Non, mais, vous êtes malade ?

BRIFFOTEAU

C'est Monsieur... *(Il pouffe.)*

HORTENSE

Oh ! c'est trop fort !

BRIFFOTEAU

C'est... Monsieur... Co... Co... chu...

HORTENSE

Imbécile !... *(A Cochu dans l'antichambre.)* **Entrez,**
mon cher ami, entrez !

BRIFFOTEAU, *sortant*

J'en ai mouillé mes basanes ! *(Il sort.)*

SCÈNE III

COCHU, HORTENSE, puis LE CAPITAINE

COCHU, *entrant. Il est complètement rasé ce qui doit*
modifier complètement son aspect. Il est sanglé dans
un veston dernier cri et porte un pantalon voyant.
Cravate excentrique, chapeau melon. **Il a conservé ses**
gros brodequins de soldat.

Bonjour, ma petite fiancée !

HORTENSE

Bonjour, très cher !

COCHU

On se bise ?

HORTENSE

On ne bise pas, Isidore, on **embrasse...**

COCHU

Comme vous voudrez !...

(Il l'embrasse sur la joue bruyamment.)

HORTENSE, *se dégageant*

Et puis, on ne fait pas de bruit, en embrassant...

COCHU

Moi, plus que j'aime et plus que ça claque !...

HORTENSE

Il ne faut pas que ça claque !

COCHU

On ne claquera plus !... Tenez... v'là un bouquet !. :
*(Il lui donne un bouquet qu'il tenait caché derrière son
dos et qui est enveloppé de papier jaune de boucher.)*

HORTENSE

Charmante attention !... Mais il faut dire : « Je vous
ai apporté quelques fleurs »...

COCHU, *répétant*

Je vous ai apporté quelques fleurs .. Tout ce qu'il y
a de plus poétique et de printanier...des vesses-de-loup,
garnies de gratte-culs...

HORTENSE, *prenant le bouquet*

On dit « du feuillage vert et de l'églantier « !... Mais,
quel horrible papier !... Il n'y avait pas mieux que ça,
chez le fleuriste ?

COCHU

Si, seulement, ce fi'ou-là voulait me compter mon
bouquet quatre francs... j'y ai dit : « J'veux pas mettre
plus de trois francs et dix sous. — Vous aurez pas de
papier, qu'il me dit !.. — Votre papier, que j'y réponds,
vous pouvez vous le mettre quelque part ! »...

HORTENSE

Fi !... Isidore !... Voyons !...

Cochu, *la regardant*

Oui !... C'est vrai !... C'est du papier trop dur... Mais, vous savez, quand on est fâché, on réfléchit pas... J'ai donc pris le bouquet, j'ai t'été chez le boucher en face où je connais un garçon qui m'a donné son plus beau papier à gigot... Vous m'embrassez pas pour la peine ?

HORTENSE

Non.. non... on n'embrasse pas comme ça tout le temps sa fiancée... Un homme du monde, car vous en êtes un maintenant, doit montrer plus de réserve.

COCHU

C'est que je suis encore de l'active !

HORTENSE

D'abord, quand on entre dans un salon où il y a une dame, on enlève son chapeau.

COCHU

J'enlèverai tout ce que vous voudrez... *(Il ôte son chapeau, il a les cheveux pommadés et bien séparés par une raie.)*

HORTENSE

On prend la main de la dame, et on la baise.

COCHU

S'il vous plaît ?

HORTENSE

On lui baise la main...

COCHU

Ah ! bon !...
(Il lui baise la main.)

HORTENSE

Et l'on fait de même pour toute personne distinguée
à qui l'on vous présente...

COCHU

On s'en rappellera...

HORTENSE, *rectifiant*

On dit : « On s'en souviendra »... et maintenant, mar-
chez un peu que je voie comment le tailleur de mon
frère vous a habillé.

COCHU, *obéissant*

Zyeutez-moi ça, si je jette un jus...

HORTENSE

Votre faux-col est trop bas !

COCHU

J'ai horreur des faux-cols-z-hauts.

HORTENSE

Ne faites pas la liaison.

COCHU

Quelle liaison ?

HORTENSE

Dites : « Des fauxcols... hauts. »

COCGU, *très vite*

Des   fauxcols hauts...

HORTENSE

Encore un détail fâcheux : vous avez mis votre cravate en lavallière et c'est une régate... je vais vous
arranger ça...

(Elle lui arrange sa cravate.)

COCHU

Merci, mon Hortense !...

HORTENSE

Mais ne vous tortillez pas, voyons !

COCHU, *riant*

Vous me chatouillez la pomme d'Adam...
(Paraît le capitaine à gauche.)

LE CAPITAINE

Qu'est-ce que c'est que ça ?

COCHU

Ça, c'est moi... Bonjour, beau-frère...

LE CAPITAINE, *bourru*

Déjà vous !... Bonjour !... *(A Hortense.)* Qu'est-ce
que c'est que cette facture de mon tailleur à ton nom ?
Deux cent dix francs pour un complet civil...

HORTENSE

C'est la note de ce complet que je viens d'offrir à
Cochu...

LE CAPITAINE

Ah ! bon !... Tu l'habilles, maintenant ?

COCHU

Je ne peux pas aller tout nu, Hector !

LE CAPITAINE

Je vous ai déjà défendu de m'appeler Hector !

COCHU, *à Hortense*

Il s'est encore levé du mauvais côté !

LE CAPITAINE, *à Hortense*

Ah ! il est gentil, en civil, ton fiancé. Il a de l'allure !

COCHU

Merci, beau-frère !...

LE CAPITAINE, *à Hortense*

Grâce au ciel, le commandant ne pourra pas assister à ce mariage insensé...

HORTENSE

Et pourquoi n'y assistera-t-il pas ?

LE CAPITAINE

Parce qu'il s'en va demain... Il vient d'être nommé lieutenant-colonel...

HORTENSE

Lieutenant-colonel !...

LE CAPITAINE

Si tu n'étais pas Madame Cochu, tu aurais été la colonelle...

HORTENSE

Je n'ai pas d'ambition.

COCHU

On n'a pas d'ambition.

LE CAPITAINE

Ah ! fichtre non !... *(Toisant Cochu.)* Un singe habillé... *(A Hortense.)* Si le colonel l'avait vu, j'en aurais pincé la jaunisse... *(Il sort bruyamment.)*

COCHU, *vexé*

Un singe habillé !... Hector n'est pas gracieux.

HORTENSE

Bah ! Vous finirez bien par faire sa conquête.

COCHU *croisant les jambes*

Je le crois... parce que j'ai du charme...

HORTENSE, *apercevant les brodequins à clous de
Cochu*

Oh ! mais, qu'est-ce que vous avez aux pieds ?

COCHU

Mes brodequins !

HORTENSE

Oh ! mon ami, quelle faute de goût ! De telles chaus-
sures avec un complet aussi élégant !...

COCHU

C'est que j'ai des oignons...

HORTENSE

On ne dit pas « oignon », on dit : « excroissance ».

COCHU

Si vous voulez...

HORTENSE

Et puis, vous allez me quitter ça.. Je vais vous donner
des bottines à Hector... *(Appelant à la cantonade.)*
Mélanie !

MÉLANIE, *entrant du fond*

Mademoiselle ?

HORTENSE

Savez-vous où nous avons rangé la paire de bottines
vernies, que le capitaine avait mises à la première com-
munion de Mlle Yvonne ?

MÉLANIE

Oui, c'est dans l'armoire normande... Faut-il aller
les chercher ?

HORTENSE

Non, j'y vais moi-même... et pour le dîner, n'est-ce
pas, un civet de lapin... M. Isidore l'aime beaucoup...

COCHU

Isidore l'adore...

MÉLANIE, *entre ses dents*

Cochon de Cochu !...

COCHU, *à Mélanie*

Et surtout, dans le civet, n'oubliez pas les excroissances...

MÉLANIE

Quoi ?

COCHU

Les excroissances. *(A Hortense.)* Ces légumes qui font
pleurer, quand on les pèle...

HORTENSE

Ah !.. Dans ce cas-là, on dit des « oignons ».

COCHU

Pourquoi ?

HORTENSE

Je vous expliquerai. Je vais chercher vos bottines...
(En sortant.) Oh ! j'aurai du mal à en faire un homme
du monde.

SCÈNE IV

MÉLANIE, COCHU, puis BRIFFOTEAU

*Cochu va prendre un cigare dans le tiroir de la table
et cherche du feu.*

COCHU, *s'asseyant dans un canapé*

Passe-moi donc les allumettes, Mélanie, je vous prie.

MÉLANIE, *très cérémonieuse*

Voilà les allumettes de Monsieur.

COCHU

Merci.

MÉLANIE, *même jeu*

Et puis, voilà un cendrier, pour que Monsieur ne jette pas les cendres de Monsieur sur le tapis de Monsieur...

COCHU, *étonné*

Oh ! ça va bien.. Quand on n'est rien que nous deux, tu peux remiser des « Monsieur » !

MÉLANIE, *glaciale*

Je serai reconnaissante à Monsieur de me vouvoyer désormais.

COCHU

Alors, quoi ? Tu me gardes rancune ?

MÉLANIE

Un fourneau nous sépare : Mlle Hortense.

COCHU

Tu es jalouse, je comprends ça... *(Il se lève et va à elle.)* Mais au fond, tu sais, c'est encore toi que j'aime le mieux !

MÉLANIE

Il est temps que Monsieur s'en aperçoive !...

COCHU

Mais, tu comprends, un mariage pareil, la fortune... le lusque.. regarde comment je suis fringué !

MÉLANIE

Ça a un nom, les hommes qui se font entretenir par les femmes !

COCHU

Oui, mais quand ils les épousent, ça s'appelle des maris.

MÉLANIE

C'est du propre !

COCHU

Voyons, te fais pas de mousse... Quand je serai marié, je te prendrai comme bonne amie...

MÉLANIE

Par exemple !

COCHU

Les hommes du monde dorment souvent avec leur bonne. C'est très bien porté...

MÉLANIE

Je remercie Monsieur, mais pour ça j'attends pas après Monsieur.

COCHU

Tu n'attends pas?... Est-ce que, par hasard, tu m'aurais remplacé ?

MÉLANIE

Pas encore, mais ça va se faire !

COCHU

Mais je te le défends... Par exemple ! Avec qui, d'abord ?... Avec qui ?

BRIFFOTEAU, *entrant*

Où mettez-vous les torchons, Mademoiselle Mélanie ?

COCHU

Briffoteau !

BRIFFOTEAU

Ah ! Cochu... Monsieur... Monsieur... *(Il pouffe.)*

COCHU

Pourquoi que tu ris, pochetée ?

BRIFFOTEAU

Ah ! vingt dieux ! Ce que t'es crevant en pékin !

COCHU

Qu'est-ce que j'ai de crevant ?

BRIFFOTEAU

Ce que ça te va mal, les frusques civiles !

COCHU

Comment ça me va mal ?

BRIFFOTEAU

T'as l'air du marié des jeux de massacre.

COCHU, *dédaigneux*

Paysan, va !...

MÉLANIE, *tendrement*

Je suis de votre avis, César... je préfère la tenue militaire.

BRIFFOTEAU, *même jeu*

Vous avez du goût, Mélanie.

COCHU, *saisi,*

César... Mélanie... Est-ce que par hasard, tous les deux...

BRIFFOTEAU

Mais bien sûr, on est en plein gringue...

COCHU

Oh !

BRIFFOTEAU

C'est-y pas toi qui me l'as recommandée ?...

COCHU

Moi ?

BRIFFOTEAU

Quand elle était ta bonne amie, tu m'as dit : « Mélanie, elle a l'air de rien, comme ça au rez-de-chaussée,
mais au sixième.. l'essayer, c'est l'adopter... »

COCHU

J'ai pas dit ça pour que tu l'essayes !

MÉLANIE

Monsieur est égoïste !...

BRIFFOTEAU

Et comment !

MÉLANIE

Vous me plaisez, César... Voulez-vous un petit verre
le raide ?

BRIFFOTEAU

C'est pas de refus !

MÉLANIE, *allant vers le placard*

La clef est justement sur le placard aux liqueurs...

BRIFFOTEAU

Il y a-t-il de l'*armoniac* ?

BRIFFOTEAU

Y en a cent vingt bouteilles... *(A Cochu.)* Et si Monsieur nous autorise ?

COCHU

Oui, ça, je vous autorise...

*(Mélanie prend une bouteille dans le placard, au pre-
mier plan gauche.)*

BRIFFOTEAU

Tu vas trinquer avec nous ?

Cochu

Ça aussi, je veux bien... *(Pendant que Mélanie remplit les trois verres.)* Je consens à te payer à boire avec l'ormoniac d'Hector, mais je te prie de respecter ma bonne...

Mélanie, *trinquant*

A la santé de Monsieur... *(A Briffoteau.)* A toi, César, à nos amours !

Cochu, *furieux*

Mélanie !...

SCÈNE V

LES MÊMES, HORTENSE

Hortense, *entrant, scandalisée*

Comment ? Vous trinquez avec vos domestiques ?

Cochu

Je faisais goûter à Briffoteau l'*ormoniac* d'Hector.

Hortense

C'est une erreur, mon ami. Vous êtes trop bon avec ces gens-là. *(A Mélanie et à Briffoteau.)* Retournez tous les deux à votre cuisine...

Mélanie

Venez, César...
(Ils sortent.)

Hortense, *à Cochu*

Mon cher Isidore, vous ne savez pas du tout vous tenir avec la valetaille ! On ne bavarde pas avec les larbins. On leur jette des ordres et ils doivent les ramasser respectueusement.

COCHU

Bien, Hortense.

HORTENSE

Il faut leur parler d'un ton sec et autoritaire.

COCHU

Comme vous me parliez quand j'étais à votre service ?

HORTENSE

Oui... *(Se reprenant.)* C'est-à-dire.. oublions le passé.

COCHU

Vous en faites pas... J'ai compris la manœuvre... Vous allez voir. *(Appelant à la cantonade.)* Briffoteau !

BRIFFOTEAU, *entrant*

Voilà !

COCHU

Vous pourriez dire : « Voilà Monsieur, espèce d'abruti!

BRIFFOTEAU, *ahuri*

Voilà, Monsieur !

COCHU

Avancez-moi un fauteuil que je m'assoye, crétin !

BRIFFOTEAU, *pétrifié*

Voilà, Monsieur !

COCHU

Ah bien ! qu'est-ce que vous faites-là ? Andouille, âne bâté ? Je vous ai jeté un ordre, ramassez-le !

(Briffoteau regarde par terre.)

Oh ! il cherche par terre !... Quels idiots que ces ordonnances ! Tenez, allez-vous en, tête de pipe, face de bourrique ! *(A part.)* Ah ! tu veux me chiper Mélanie !...

BRIFFOTEAU

Bien, Monsieur.. *(A part.)* Il est complètement mar-
teau.

(Il sort)

COCHU, *à Hortense*

Eh bien ! vous avez vu, je suis t'y un homme du
monde, quand je m'y mets !

HORTENSE

Trop de violence !... Enfin, il y a un progrès...

COCHU

Merci, très chère !...
(Il lui baise la main)

HORTENSE

Maintenant, venez mettre vos bottines.
(Elle sort.)

COCHU

Je vous suis, très chère.
(Il s'arrête, regardant entrer Lormois.)

SCÈNE VI

COCHU, LORMOIS, BRIFFOTEAU

BRIFFOTEAU, *faisant passer Lormois*

Entre là mon vieux Lormois, je vais prévenir le capitaine !

COCHU

Tiens, Lormois !

LORMOIS, *le regardant*

Monsieur, je n'ai pas l'honneur...

COCHU

Tu ne me reconnais pas ?... Cochu...

LORMOIS

Cochu !... En civil !

COCHU

Avec un bon petit congé libérable, mon gros, et du linge....

LORMOIS

Ah ! mais, qu'est-ce que vous fabriquez ici ?

COCHU

On te l'apprendra bientôt dans la maison, mon cher.. *(A Briffoteau.)* Ordonnance, vous préviendrez le capitaine que M Lormois sollicite une audition...

LORMOIS, *souriant*

Une audience !...

COCHU

Si tu veux... *(A Briffoteau.)* C'est compris, tête de lard ? *(A Lormois.)* Je te demande pardon de te quitter, je vais rejoindre ma fiancée ! Veux-tu un cigare ?

LORMOIS

Merci !

COCHU

Ça tombe bien ! je n'en ai justement pas ! *(Avec un geste protecteur.)* A tout à l'heure, mon petit ami, à tout à l'heure !

(Il sort en se dandinant.)

SCÈNE VII

LORMOIS, YVONNE, puis COCHU

BRIFFOTEAU, *à Lormois*

Hein, Lormois, que dis-tu de ça ?... La betterave est devenue une grosse légume. La voilà de la famille, à c't'heure. Je vais t'annoncer au capiston.

(Il rentre à droite, dans le bureau du capitaine.)

LORMOIS, *seul*

De la famille... Mais alors, Yvonne a mis sa menace à exécution. Elle épouse Cochu... ! Ah ! c'est incroyable !

YVONNE, *entrant*

Tiens, monsieur Lormois.

LORMOIS, *pincé*

Mademoiselle !

YVONNE

Vous allez bien ?

LORMOIS

Assez mal, merci.

YVONNE

Voilà quatre jours que je ne vous ai vu. Qu'est-ce que vous avez donc fait ?

LORMOIS

De la salle de police, Mademoiselle et je n'ai vu âme qui vive....

YVONNE

Oh ! pauvre Monsieur Lormois !

LORMOIS

Epargnez-moi votre commisération, Mademoiselle.

YVONNE

Mon Dieu, quel ton !... Ah ! je devine... Vous m'en voulez encore à cause de ce baiser à Cochu !...

LORMOIS

Cochu est plus malin que moi, lui... Il a su se faire admettre dans la famille ! ..

YVONNE

A vous aussi, ce mariage vous déplaît ?...

LORMOIS

Vous ne vous attendiez pas à ce que je bondisse de joie ?

YVONNE

Qu'est-ce que ça peut vous faire ?

LORMOIS

Moi, rien du tout !... Je vous félicite... et je m'en vais !

YVONNE

Hyacinthe !... *(Il s'arrête.)* Qu'avez-vous. voyons, on croirait que vous êtes jaloux de Cochu ?

LORMOIS

Cela vous étonne ?

YVONNE

Ah ! mon Dieu !... je comprends tout...

LORMOIS

Enfin !

YVONNE

Vous êtes amoureux de ma tante...

LORMOIS

De votre tante !... Moi !...

YVONNE

Puisqu' vous êtes jaloux de Cochu !

LORMOIS

Pardon.. Pardon !... Ce n'est pas vous qui épousez l'ordonnance ?...

YVONNE

Moi ? Vous avez pu croire ?...

LORMOIS

Dame ! Après ce baiser...

YVONNE

Un mouvement de dépit... Le notaire m'avait raconté que vous alliez épouser ma tante...

LORMOIS

Il a dit ça ?... Mais c'est un monstre que ce tabellion !

YVONNE

Quand nous le verrons, nous lui dirons deux mots... En attendant, puisque le commandant n'a pas voulu vous servir d'intermédiaire, il faut demander vous-même ma main à mon père !

(*Cochu rentre à ce moment, il a l'air très mal à l'aise dans ses souliers.*)

LORMOIS

Parler à votre père, je vous l'ai dit, je n'oserai jamais...

YVONNE

Mais alors, qui s'en chargera ?

LORMOIS

Qui ?... Qui ?...

COCHU, *descendant*

Qui, mes enfants ? mais votre oncle !

YVONNE et LORMOIS

Vous ?...

COCHU

Moi, le mari de votre tante... Je vais être, comme qui dirait votre trait d'union providentiel....

YVONNE, *avec doute*

C'est égal... je préférerais...

COCHU, *l'interrompant*

Je connais Hector... Et pis, je sais le prendre... je suis diplomatique...

LORMOIS

Je vous remercie, mais...

COCHU

Chers petits.... Embrassez-moi, ma nièce...
(Il embrasse Yvonne.)

LORMOIS

Permettez...

COCHU

Embrasse-moi aussi, mon neveu... *(Apercevant le capitaine.)* Voilà Hector, laissez-moi faire...

SCÈNE VIII

LES MÊMES, plus LE CAPITAINE

LE CAPITAINE, *entrant*

Tiens, Lormois, je suis content de vous revoir. Puisque le colonel nous quitte, je vous reprends comme secrétaire. Vous me ferez deux jours pour vos bottes qui ne sont pas à l'ordonnance.

LORMOIS

Merci, mon capitaine.

COCHU

Hector, il est temps que nous nous occupions du bonheur de cette enfant !...

(Il montre Yvonne.)

LE CAPITAINE

De ma fille ?...

COCHU

De ma nièce... Je crois qu'elle est aimée par un brave garçon, loyal et sympathique...

LE CAPITAINE

De quoi vous mêlez-vous ?...

COCHU

Hector !...

LE CAPITAINE

Je vous défends de m'appeler Hector !

LORMOIS, *bas à Yvonne*

Ça va mal...

COCHU

Beau-frère, j'ai promis à ce jeune homme de demander pour lui la main de...

LE CAPITAINE

D'Yvonne ? Eh bien ! vous direz à l'idiot qui a été choisir un ambassadeur de votre espèce que ce trait-là me suffit pour le juger et qu'il ne sera jamais mon gendre.

COCHU

Quelle soupe au lait !...

LE CAPITAINE

Jamais !

COCHU

Attendez donc que je vous explique ! Le prétendant en question c'est...

LORMOIS, *vivement*

C'est inutile de le nommer.

YVONNE

Tout à fait inutile...

LORMOIS, *même jeu*

Puisque le capitaine ne veut rien savoir.

YVONNE

Je ne veux rien savoir non plus.

LE CAPITAINE

A la bonne heure ! Venez tous les deux... *(Montrant Cochu.)* Cet être-là a le don de m'exaspérer...

YVONNE, *le suivant*

Voilà, papa...

LE CAPITAINE

Et puis, de quoi se mêle-t-il ?

YVONNE

Oui... de quoi ?

LORMOIS

De quoi ? *(Bas à Yvonne en sortant derrière le capitaine.)* Ce n'est pas encore ça le filon !

LE CAPITAINE, *à Cochu*

Oh ! vous ! ce que vous m'exaspérez !

COCHU

Dis-moi donc tu, Hector, c'est ridicule; Tu me dis

vous, moi je te tutoye, j'ai l'impression de parler
à mon ordonnance !

LE CAPITAINE, *sortant*

Oh ! celui-là !

SCÈNE IX

COCHU, puis BRIFFOTEAU

COCHU, *seul*

Qu'il est raboteux, cet homme-là !... Avec ça que mes
godasses vernies commencent à mécaniser mes oignons.. pardon... mes excroissances...

BRIFFOTEAU, *entrant*

Monsieur permet que j'emporte le plateau ?

COCHU

Briffoteau ?

BRIFFOTEAU

Monsieur ?...

COCHU

Toi aussi, tu es fâché contre moi ?

BRIFFOTEAU

Pas du tout !

COCHU

Si... Tu m'en veux de t'avoir enguirlandé tout à
l'heure...

BRIFFOTEAU, *amer*

Si peu !...

COCHU, *lui versant à boire*

Mais, c'était pour la frime, pour faire le genltleman...

BRIFFOTEAU

Sans blague ?

COCHU

Je te le jure ! *(Offrant un cigare.)* Tiens !... Prends ce mégot !

BRIFFOTEAU

Merci...

COCHU

Dans le fonds, t'es resté mon vieux poteau, avec qui qu'on a bouffé du singe ensemble...

BRIFFOTEAU

Mon vieux Cochu, je te retrouve !

COCHU

Et puis, je peux bien de le dire... j'étais jaloux de toi !

BRIFFOTEAU

Jaloux ?... A cause de Mélanie ?

COCHU

Ben oui... quoi... ça me chiffonne, l'idée qu'avec toi...

BRIFFOTEAU

Mais elle ne veut rien savoir avec moi !...

COCHU

Tu charries !

BRIFFOTEAU

Je te le dis... Tout à l'heure, j'ai essayé de l'embrasser dans sa cuisine et dans le cou, elle m'a fichu une baffe !

COCHU

Elle t'a fichu ?... Prends encore un cigare !

BRIFFOTEAU

Merci... Si tu veux mon avis, c'est toujours toi qu'elle a dans la peau.

Cochu, *radieux*

C'est toujours... *(Lui donnant plusieurs cigares.)*
Tiens !... Prends le restant de la boîte... *(On sonne.)...*
On sonne, je vais ouvrir !

BRIFFOTEAU

Mais non, maintenant c'est plus toi, c'est moi...
   (Il sort.)

Cochu, *seul*

C'est vrai, je suis bête... ! *(Avec une grimace doulou-
reuse.)* Sacrés vernis !... Je commence à avoir les pieds
sans connaissance !

SCÈNE X

COCHU, BRIFFOTEAU, LE CAPITAINE, HORTENSE

BRIFFOTEAU

Ah ! mon vieux, c'est le commandant...

Cochu

Mon ancien rival !...

BRIFFOTEAU, *frappant à la porte du capitaine*

Mon capitaine, mon capitaine, c'est le commandant.

LE CAPITAINE, *entrant*

Vous dites ?

BRIFFOTEAU

C'est le commandant qu'est habillé en colonel, et
qui veut vous parler à vous et à Mlle Hortense.

LE CAPITAINE

Ça, pour une tuile... Prévenez ces dames, Briffoteau.

COCHU, *à Briffoteau*

Et tâchez d'en mettre, abruti !
(Briffoteau sort.)

LE CAPITAINE, *à Cochu*

Quant à vous, vous allez me débarrasser le plancher...
je ne veux à aucun prix que le colonel vous rencontre
chez moi, installé en parent...

COCHU

Voyons, je ne peux pas laisser Hortense en tête à
tête avec son ancien *flirte*...

VOIX DU COMMANDANT

Eh bien ! Reverchon, êtes-vous là ?

LE CAPITAINE

Tonnerre ! Le voilà... *(A Cochu.)* Voulez-vous me
ficher le camp !

COCHU

Hector, soyez raisonnable !...

LE CAPITAINE

Vous refusez de partir... C'est bien... *(Allant ouvrir
le placard à gauche.)* Entrez là dedans !

COCHU

Dans le placard aux liqueurs ?

LE CAPITAINE, *terrible, le poussant dans le placard*

Entrez !... tout de suite... ou je vous passe mon sabre
au travers du corps...
*(Il enferme Cochu dans le placard et laisse la clef sur
la porte.)*

SCÈNE XI

LE CAPITAINE, LE LIEUTENANT-COLONEL, HORTENSE, YVONNE

LE CAPITAINE

Donnez-vous donc la peine d'entrer, mon colonel !

LE LIEUTENANT-COLONEL

Bonjour, Reverchon ! Vous avez sans doute appris ma promotion ?

LE CAPITAINE

Avec grand plaisir, mon colonel... *(Hortense et Yvonne entrent.)* Et voici ces dames qui viennent vous féliciter...

LE COLONEL

Mesdemoiselles...

HORTENSE

Colonel... Je suis ravie...

YVONNE

Bravo ! Colonel !

LE COLONEL

Trop aimables, Mesdemoiselles. Je ne voulais pas quitter cette garnison sans vous présenter mes hommages.

HORTENSE

On n'est pas plus gracieux !

YVONNE

Ma tante, si nous offrions une tasse de thé au colonel ?

LE CAPITAINE

Excellente idée... si le colonel ne nous a pas gardé rancune de certaine réception...

LE COLONEL

Du tout... du tout... vous aviez une brute d'ordonnance... *(Tout le monde tousse.)* Tiens ! vous êtes enrhu-
més ?

LE CAPITAINE

Oui.. un peu.

YVONNE

Je vais faire préparer le thé.
(Elle sort.)

LE COLONEL, *à Hortense*

Inutile de vous dire, Mademoiselle, que j'emporte à
Laval le mélancolique souvenir d'un projet d'union, que
je caressais vainement.
(Bruit de bouteilles cassées dans le placard.)

LE COLONEL

Qu'est-ce que c'est que ça ?

LE CAPITAINE

Rien, mon colonel, ce n'est rien.

HORTENSE

Oh ! pardon.. j'ai entendu aussi....

LE CAPITAINE

Je te dis que ça n'est rien... Ce sont les tapissiers
dans la maison voisine.

YVONNE, *rentrant*

On va nous apporter le thé.

LE CAPITAINE, *bas à Hortense*

Hortense... le colonel est charmant... Dis-lui quelque
chose d'aimable.

HORTENSE

Soit... *(Au colonel.)* Colonel, croyez bien que j'eusse

été ravie de lier ma destinée à la vôtre... Mais, que voulez-vous ! lorsque vous m'avez fait votre demande, mon cœur ne m'appartenait plus.

LE COLONEL

En effet, j'ai appris que vous épousiez un homme de mon régiment... un simple soldat...

LE CAPITAINE

Aïe, il sait !

LE COLONEL

Un nommé Lormois...

YVONNE

Lormois ?... Ah ! non !...

HORTENSE

Mais pas du tout, colonel !...

LE COLONEL

Comment ? Ce n'est pas lui ? Mais alors, maître Pouponet s'est moqué de moi...

HORTENSE

Ce notaire est un mystificateur...

LE COLONEL

Mais dans ce cas, sauf indiscrétion, qui épousez-vous ?

LE CAPITAINE, *toussant*

Hum !

HORTENSE

J'épouse un gentleman-farmer... un gros propriétaire terrien...

(*Bruit formidable de bouteilles cassées.*)

YVONNE et HORTENSE, *effrayées*

Ah !

LE COLONEL

On casse des bouteilles.

LE CAPIATINE

Ce sont les tapissiers...

HORTENSE

Mais non, ça vient du placard aux liqueurs.

LE CAPITAINE

Mais non...

YVONNE

Mais si, papa !

LE COLONEL

Ces demoiselles ont raison, ça vient de ce côté.
(Il va au placard et l'ouvre.)

SCÈNE XII

LES MÊMES, plus COCHU

COCHU, *paraissant, légèrement titubant*
Je vous demande pardon !

LE COLONEL

Qu'est-ce que c'est que ça ?

HORTENSE

Mon fiancé !

LE CAPITAINE, *à part*

La brute !

HORTENSE

Que faisiez-vous là dedans ?

COCHU

Je me soûlais, Hortense...

HORTENSE

Hein ?

LE COLONEL

Que dit-il ?

COCHU

Je me soûlais sans boire, ce qui est bien désagréable... j'ai cassé deux bouteilles d'ormoniac... l'alcool s'était répandue et elle me montait au cerveau...

YVONNE

Mais, qui vous avait enfermé dans ce placard ?

COCHU

C'est le capitaine, Yvonne !

LE CAPITAINE

C'est faux... ou alors, c'est par mégarde...

COCHU

Oui, par mégarde, pour que je ne voie pas le colonel.

LE CAPITAINE

Taisez-vous, vous ne savez plus ce que vous dites.

LE COLONEL, *à Hortense*

Alors, Monsieur est l'heureux élu ?

HORTENSE

Oui, colonel...

LE COLONEL, *tendant la main à Cochu*

Charmé, Monsieur, charmé...

COCHU

Et moi trop-z-honoré, mon colonel.
(Il baise la main du colonel.)

LE COLONEL

Comment ? Il me baise la main ?...

HORTENSE

Vous êtes fou !

COCHU

Vous m'avez dit qu'avec les personnes distinguées...

LE COLONEL, *à part*

Drôle de pistolet ! Où ai-je vu cette tête-là ? *(A Cochu.)* Alors, Monsieur, il paraît que vous vous occupez de la culture ?

COCHU

Oui, mon colonel... la culture, ça me connaît.

LE COLONEL

Qu'est-ce que vous préférez comme engrais ?

COCHU

Le fumier d'humains, mon colonel ou alors le superbe phosphate...

LE COLONEL

Vous voulez dire « du superphosphate... » *(A part.)* Qu'est-ce que c'est que ce type-là ?

COCHU

Eh ! ben ! il est ignorant !

YVONNE, *apercevant Briffoteau, qui entre avec le service à thé*

Voici le thé.

HORTENSE, *bas à Cochu*

Je vous en prie, Isidore, devant le colonel, soyez homme du monde.

COCHU

Vous bilez pas ! *(A Briffoteau.)* Ne secouez pas le plateau comme ça, espèce de buse ! Vous allez casser notre service en porcelaine de *chèvre.*

BRIFFOTEAU

Que Monsieur m'excuse, mais...

COCHU

Tâchez de ne pas répondre, hein ? Ane bâté, face
d'andouille !

LE COLONEL

Vous êtes sévère, Monsieur...

COCHU

Excusez-moi, mon colonel, de gueuler comme ça,
mais avec ces brutes d'ordonnances !...

LE CAPITAINE

Taisez-vous donc !

COCHU

Allez, servez et proprement sans en renverser dans
le cou du colonel, doublure d'huître... *(Bas à Briffoteau.)* C'est pour la frime ! T'auras encore des cigares.
(Haut.) Allez chercher pour le colonel la flûte et en
pain, n'est-ce pas ?... gros tas d'imbécile...

BRIFFOTEAU

Bien, Mossieur ! Merci, Mossieur...
(Il sort.)

YVONNE

Combien de sucres, colonel ?

LE COLONEL

Six morceaux, comme d'habitude.

YVONNE, *à Cochu*

Et vous ?

COCHU

Si Hortense m'eusse sucré, j'en eusse réclamé douze...

(A part.) Saloperie de vernis. Faut que j'en ôte un....

(Pendant ce qui suit, il ôte une de ses bottines.)

MÉLANIE, *entrant, en pleurnichant*

V'là la flûte !

HORTENSE

Vous pleurnichez encore, vous !... C'est assommant !

LE COLONEL

Pauvre fille !... qu'est-ce que vous avez ?

MÉLANIE

C'est rapport à la flûte, mon colonel. Elle me rappelle un homme, que j'ai beaucoup aimé....

LE CAPITAINE

Vous n'allez pas faire vos confidences au colonel.. débarrassez-moi le plancher, et au trot...

COCHU

Et au galop !... *(Au colonel.)* Excusez-moi, le service est déplorable... Une fois marié, je changerai tout ça... *(A part.)* Aïe ! c'est l'autre godasse, à présent... tant pis... je souffre trop....

(Il retire sa seconde bottine.)

LE COLONEL

Et vous, Mademoiselle Yvonne, le mariage de votre tante ne vous incite-t-il pas à en faire autant ?

YVONNE

Oh ! que si, colonel !

LE COLONEL

Ah ! ah ! j'ai touché juste !

BRIFFOTEAU, *buttant dans les souliers de Cochu*

Ah ! zut, des croquenots qui traînent *(Il ramasse les souliers et les emporte.)* Je vais les ranger.

(Il sort.)

LE COLONEL, *à Yvonne*

Nous disions donc, Mademoiselle, que vous aviez distingué un jeune homme...

YVONNE

Oui, colonel, et il ne dépendrait que de papa...

LE COLONEL

Eh bien ! alors ?

LE CAPITAINE

Mon colonel, c'est la première nouvelle...

COCHU, *à part*

Bon Dieu ! Mes godasses qui se sont débinées...
(Il les cherche pendant ce qui suit.)

LE CAPITAINE, *à Yvonne*

De qui s'agit-il ?

LE COLONEL, *à Yvonne*

Oui... Voyons, dites-nous ça...

YVONNE

Celui que j'aime, c'est M. Lormois...:

LE CAPITAINE

Lormois !... Pourquoi ne l'as-tu pas dit plus vite ?

YVONNE

Tu lui accorderais ma main ?

LE CAPITAINE

Volontiers, il m'est très sympathique.

COCHU, *cherchant ses bottines*

Je l'avais dit... *(A part.)* Si je connaissais l'enfant de salaud qui me les a barbotées.

YVONNE

Oh ! papa, que je suis contente... Je brûle de lui annoncer la bonne nouvelle.

LE COLONEL

Il est ici ? Alors, allons y tous...

LE CAPITAINE

Allons-y...
(Tout le monde se lève.)

LE COLONEL

D'abord je dois une revanche à ce pauvre jeune homme que cet idiot de notaire m'avait fait prendre en grippe.

HORTENSE, *à Cochu qui reste assis et cherche à dissimuler ses pieds*

Eh bien ! Isidore, venez-vous ?

COCHU

Je voudrais bien, mais...

LE COLONEL

Ah ! ça, qu'est-ce que vous avez aux pieds ?...

COCHU

Mes croquenots se sont débinés...

LE CAPITAINE

Oh !

COCHU

Alors, je suis t'en chaussettes...

LE COLONEL, *riant*

Il est en chaussettes...

COCHU

Pardon, excuses.;. Je vas remettre mes godillots..
(Il sort en marchant sur le bout des pieds.)

LE COLONEL, *au capitaine*

Original, votre futur beau-frère !

LE CAPITAINE

Ne m'en parlez pas, mon colonel... Je ne peux pas
le sentir !

SCÈNE XIII

LES MÊMES, POUPONET

GRIFFOTEAU, *entrant et annonçant Maître Pouponet*
Maitre Pouponnet...
(Il sort.)

LE CAPITAINE

Tout à l'heure... *(Au colonel.)* Allons voir Lormois...
(Il se dirige vers le fond.)

LE COLONEL

Pardon... Un mot à ce notaire... *(A Pouponet qui
entre, la mine réjouie.)* Dites donc, vous... Quand on est
pas sûr de ce qu'on avance, on se tait !

POUPONET, *interdit*

Colonel...

LE COLONEL

Ou alors, on est un vieux crétin ! *(Au capitaine.)* Je
vous suis !...
(Il sort avec le capitaine.)

YVONNE, *au colonel*

Pardon ! Une seconde... *(Allant vers Pouponet.)*
Maître Pouponet, vous m'avez fait une farce stupide !

POUPONET

Moi ?...

YVONNE

A cause de vous, j'ai failli ne pas me marier... Mon
fiancé vous en demandera raison...

POUPONET

Mademoiselle...

YVONNE

Voilà ce que vous êtes : un vieux fumiste !... *(Remontant.)* Je viens, papa...

(Elle sort derrière le colonel et le capitaine.)

SCÉNE XIV

HORTENSE, POUPONET, *puis* LE COLONEL,
et LE CAPITAINE

POUPONET, *à Hortense*

Charmant accueil !... Mais, qu'est-ce qu'ils ont contre moi ?

HORTENSE

Vous êtes un gaffeur, vous avez raconté à tout le
monde que j'épousais M. Lormois.

POUPONET

Ne m'avez-vous pas dit vous-même que vous épousiez l'heureux héritier ?

HORTENSE

Eh bien ! oui... Cochu !

POUPONET

Cochu ?... Connais pas... C'est le cavalier Lormois, à qui je viens d'annoncer qu'il hérite de trois millions...

HORTENSE

Lormois... C'est... Ah !
(Elle s'évanouit.)

POUPONET, *la recevant dans ses bras*

Hé ! là !. . Mademoiselle...

LE CAPITAINE, *rentrant, suivi du colonel*

Qui est-ce qui crie comme ça ? *(Apercevant Hortense dans les bras de Pouponet.)* Hortense !

LE COLONEL, *se précipitant*

Elle se trouve mal !...
(Il la prend dans ses bras.)

LE CAPITAINE, *entraînant Pouponet à l'écart*

Qu'a-t-elle ?

POUPONET

Elle a cru que c'était Cochu qui héritait des trois millions de Lormois...

LE CAPITAINE

Lormois hérite... et elle a cru... Voilà donc pourquoi... La vieille avare !

LE COLONEL *asseyant Hortense dans un fauteuil*

Mademoiselle Hortense... Il faudrait la dégrafer... *(Il commence à la dégrafer.)* Mazette !... La belle poitrine !...

HORTENSE, *ouvrant les yeux*

Où suis-je ?... Ah ! colonel !...

LE COLONEL

Hortense, revenez à vous !

HORTENSE

Non, colonel, c'est à vous que je reviendrai... si vous le voulez bien...

LE COLONEL

A moi !... Alors... cet évanouissement ?

HORTENSE

La douleur de constater quelle supériorité vous avez sur l'être indigne, que je vous avais préféré...

LE COLONEL

Hortense ! Tout est oublié !...

SCÈNE XV

LES MÊMES, LORMOIS, YVONNE, COCHU MÉLANIE

YVONNE, *entrant, suivie de Lormois*

Allons ! poltron... Venez remercier papa...

LORMOIS

Votre main et trois millions, c'est trop de chance à la fois !

HORTENSE

La difficulté va être de me débarrasser de cet idiot. .

COCHU, *entrant suivi de Mélanie; il a remis ses godillots de soldat.*

Viens, Mélanie, je vas leur z'y dire... Hortense, je vas vous crever le cœur. mais je vous reprends ma main..

HORTENSE

Vous ?

COCHU

Pour la donner à Mélanie... On s'a dans la peau, tous es deux !

MÉLANIE

Mon Cochu !

COCHU, *à Hortense*

Tâchez de m'oublier... je vous donnerai ma photo...

HORTENSE

Merci... Vous pouvez la garder...
(Elle lui tourne le dos.)

MÉLANIE

Elle est vexée...

COCHU

Elle souffre, pauvre gosse... j'ai tant de **charme** !

RIDEAU

Besançon. — Imp. Jacques et Demontrond

FARDS, ACCESSOIRES DE GRIMAGE

Boîte contenant 2 fards et 6 bâtons de couleurs diffé-
rentes, pour se grimer . . . . *franco* 18 »

Rouge en poudre (4 teintes) : Nº 8, rose clair ; Nº 12,
rose ; Nº 18, rouge ; Nº 24, rouge foncé. Chaque, *franco*. 3 60

Rouge sur plaquette, dit **rouge de ville adhé-
rent** (4 teintes) ; Nº 8, rose clair ; Nº 12, rose ;
Nº 18, rouge ; Nº 24, rouge foncé. Chaque, *franco*. 2 40

Crayons grimes (6 teintes), blanc, gris-bleu, gros
rouge, brun, noir, rouge, ... Chaque, *franco*. 2 40

Crayon grime vermillon. . . . . Chaque. 4 »

Crayons pour les yeux (4 teintes). . Chaque, *franco*. 2 »

Blanc gras (6 teintes), blanc, chair, naturel, rose,
Rachel Rachel foncé (pot porcelaine) Chaque, *franco*. 8 »

Rouge gras. . . . . Le pot, *franco*. 8 »

Poudre de riz : blanche, rose, Rachel, naturelle.
Chaque, *franco*, la b îte. 5 »

Pâte à front : Nº 17, claire ; Nº 18, foncée.
Chaque, *franco*,

Fards onctueux : Nº 1, chair ; Nº 1 *bis*, rose ; Nº 2, natu-
rel ; Nº 2 *bis*, Dumaine ; Nº 3. naturel foncé ;
Nº 3 *bis*, Cooper ; Nº 5, Rachel ; Nº 6, Rachel foncé ;
Nº 20, blanc (les autres nuances sur indication).
Chaque, *franco*. 10 »

Rouge raisin pour les lèvres (en étui) ; Nº 0, pâle ;
Nº 1, clair : Nº 2, foncé . . . . Chaque, *franco*. 2 »

Beurre de Cacao pour se dégrimer . . . . . . 10 »

Vaseline pure. . . . . Le tube 2 »

Kcheul Indien (avec accessoires). . . . . . 10 »

Rose gras pour l'éclairage électrique . . . . . 12 »

Colle pour les Moustaches. . . . *le flacon* 2 »

Patte de lièvre . . . . *la pièce*. 3 50

Estompes . . . . *la pièce*. 0 60

Tortillons . . . . *la douzaine*. 1 20

Le Cours Théâtral complet en 5 volumes

par F. MUFFAT, O. I., et Ant. QUEYRIAUX, O. I.

Auteurs dramatiques

est indispensable aux Sociétés Lyriques et Dramatiques

1er Vol. **L'Art Lyrique**. Traité complet de l'artiste chanteur (2e
mille), 6 francs.

2e Vol. **L'Art Dramatique**. Traité complet de l'artiste comédien (2e
mille), 6 fr.

3e Vol. **L'Art de la Diction**. Traité complet de déclamation (2e
mille), 6 fr.

4e Vol. **L'Art de la Pantomime**. Traité complet de la mimique (2e
mille), 4 fr.

5e Vol. **L'Art du Maquillage**. Traité complet du grime au théâtre
(3e mille), 4 fr.

Les cinq volumes pris ensemble : 20 francs.

CPSIA information can be obtained at www.ICGtesting.com
Printed in the USA
BVOW09s1217281114

376994BV00013B/85/P